The Lord's Prayer

IN THE

Principal Languages, Dialects and Versions of the World,

PRINTED IN

Type and Vernaculars of the Different Nations,

COMPILED AND PUBLISHED BY

G. F. Bergholtz.

CHICAGO, ILLINOIS.
1884.

ENTERED ACCORDING TO ACT OF CONGRESS IN
THE YEAR 1884 BY GUSTAF FREDRIK BERGHOLTZ,
IN THE OFFICE OF THE LIBRARIAN OF CONGRESS,
AT WASHINGTON, D. C.

CONTENTS.

	PREFACE.....................................	9
1.	ACRA OR GA—*Africa*.....................	11
2.	AFGHAN—*Afghanistan*..................	12
3.	ALBANIAN (*Gheg Dialect*)...............	13
4.	ALBANIAN (*Tosk Dialect*)...............	14
5.	ALGONKIN-INDIAN	15
6.	AMHARIC—*Abyssinia*...................	16
7.	AMOY COLLOQ.—*China*................	17
8.	ANEITYUMESE—*N. Hebrides*...........	18
9.	ANGLO-SAXON............................	19
10.	ARABIC.....................................	20
11.	ARABIC (*Vowelled*).....................	21
12.	ARMENIAN—(*Ancient*)..................	22
13.	BASQUE—(*French*)......................	23
14.	BASQUE—(*Spanish*)....................	24
15.	BENGA—*Africa*...........................	25
16.	BENGALI—*India*.........................	26
17.	BOHEMIAN.................................	27
18.	BUGI—*Celebes*...........................	28
19.	BULGARIAN................................	29
20.	BURMESE—*E. India*.....................	30
21.	CANARESE—*India*	31
22.	CHALDAIC.................................	32
23.	CHAMBA—*India*.........................	33
24.	CHEROKEE-INDIAN	34
25.	CHINESE....................................	35
26.	CHINOOK JARGON.......................	36
27.	CHIPEWYAN-INDIAN....................	37
	CHIPPEWA, SEE OJIBWA-INDIAN.	
28.	CHOCTAW-INDIAN.......................	38
29.	CREE-INDIAN,—*Eastern*	39
30.	CREE-INDIAN,—*Western*	40
31.	CROATIAN	41
32.	DAKOTA-INDIAN, by Riggs.............	42
33.	DAKOTA-INDIAN, Latest Version.......	43
34.	DANISH OR NORWEGIAN................	44
35.	DANISH-SAXON of 875...................	45

CONTENTS.

36. DANISH-SAXON of 880..................... 46
37. DELAWARE-INDIAN, of New Sweden...... 47
38. DELAWARE-INDIAN, of N. Pennsylvania.. 48
39. DORPAT-ESTHONIAN....................... 49
40. DUTCH OR HOLLANDISH................... 50
41. DYAK—*Borneo*............................ 51
42. ENGLISH, A. D. 700....................... 52
43. EARLY ENGLISH—(*Later*)................. 53
44. EARLY ENGLISH—(*Later*)................. 54
45. ENGLISH, A. D. 1000 to 1100............ 55
46. ENGLISH of 1156, in verse............... 56
47. ENGLISH—(*Later*), in verse.............. 57
48. ENGLISH—(*Later*), in verse.............. 58
49. ENGLISH, 13th Century, in verse......... 59
50. ENGLISH—(*Later*) in verse............... 60
51. ENGLISH of 1380, by Wiclif.............. 61
52. ENGLISH of 1400, in verse............... 62
53. ENGLISH of 1430......................... 63
54. ENGLISH of 1534, by Tyndale............ 64
55. ENGLISH of 1539, by Cranmer........... 65
56. ENGLISH of 1611......................... 66
57. ENGLISH, the present version............ 67
58. ENGLISH, the American version.......... 68
59. ESQUIMAUX OR ESKIMO................... 69
    ESTHONIAN, see REVAL-ESTHONIAN and DORPAT-ESTHONIAN.
60. ETHIOPIC—*Africa* 70
61. FINNISH—*Finland*....................... 71
62. FLEMISH—*Belgium*...................... 72
63. FRENCH................................... 73
64. GAELIC—*Scotland* 74
65. GALLA—*Africa* 75
66. GEORGIAN—*Russia* 76
67. GERMAN, 9th Century.................... 77
68. GERMAN 78
69. GILBERT ISLANDS........................ 79
70. GONDI—*India* 80
71. GOTHIC................................... 81
72. GREBO—*Africa*.......................... 82
73. GREEK (*Ancient*)........................ 83

4

CONTENTS.

74. GREEK (*Modern*)........................ 84
75. GREENLANDISH 85
76. GUJARATI—*India*....................... 86
77. HAUSA—*Africa*......................... 87
78. HAWAIIAN—*Sandwich Islands*........... 88
79. HEBREW 89
80. HINDI—*India*.......................... 90
81. HINDUSTANI OR URDU.................... 91
    HUNGARIAN, SEE MAGYAR.
82. HUNGARIAN-WENDISH 92
83. IBO—*Africa* 93
84. ICELANDIC.............................. 94
85. ILLINOIS-INDIAN 95
86. IRISH 96
87. ITALIAN................................ 97
88. JAPANESE............................... 98
89. JAPANESE, (Roman Type)................ 99
90. JAVANESE..............................100
91. JOLOF—*Africa*........................101
92. KAFFIR—*Africa* 102
93. KENTISH DIALECT of 1340...............103
94. KURDISH, (Roman Type).................104
95. KUSAIAN—*Pacific Ocean*...............105
96. LAPLANDISH (*Norwegian*)..............106
97. LAPLANDISH (*Russian*)................107
98. LAPLANDISH (*Swedish*)................108
99. LATIN.................................109
100. LETTISH..............................110
101. LIFUAN—*Loyalty Islands*.............111
102. LITHUANIAN...........................112
103. MACASSAR.............................113
104. MAGYAR OR HUNGARIAN..................114
105. MALAGASY—*Madagascar*................115
106. MALAY (Roman Type)...................116
107. MALAYALAM—*India* 117
108. MALISEET-INDIAN......................118
109. MAORI—*New Zealand*..................119
110. MARATHI—*India*......................120
111. MARE OR NENGONESE....................121
112. MARSHALL-ISLANDS.....................122

CONTENTS.

113. MARQUESAN..............................123
114. MASSACHUSETTS-INDIAN..................124
115. MENDE—*Africa*........................125
116. MENOMONI-INDIAN.......................126
117. MICMAC-INDIAN.........................127
118. MOHAWK-INDIAN.........................128
119. MONDARI—*India*.......................129
120. MORTLOCK—*Caroline Islands*...........130
121. MPONGWE—*Africa*......................131
122. MUSKOKEE-INDIAN.......................132
123. NEPALESE—*Himalaya*...................133
124. NEZ PERCES-INDIAN.....................134
125. NGUNESE—*New Hebrides*................135
126. NIUEAN—*Pacific Ocean*................136
127. NORTHUMBRIAN..........................137
    NORWEGIAN, SEE DANISH.
128. OJIBWA-INDIAN.........................138
129. ORIYA—*India*.........................139
130. OTTAWA-INDIAN.........................140
131. PERSIAN...............................141
132. PIEDMONTESE—*Italy*...................142
133. POLISH................................143
134. PONAPEAN—*Pacific Ocean*..............144
135. PORTUGUESE............................145
136. POTOWATOMI-INDIAN.....................146
137. PUNJABI—*India*.......................147
    PUSHTOO, SEE AFGHAN.
138. QAGUTL—*Vancouver's Island*...........148
139. REVAL-ESTHONIAN.......................149
140. ROMANESE (*Oberland*).................150
141. ROMANESE (*Lower Enghadine*)..........151
142. ROUMANIAN.............................152
143. RUSSIAN...............................153
144. RUTHENIAN.............................154
145. SAMOGITIAN............................155
146. SANGUIRESE—*Sangir Islands*...........156
147. SANSCRIT—*India*......................157
148. SANTALI—*India*.......................158
149. SAXON, of the 9th Century.............159
150. SCOTTISH (*Old*)......................160

CONTENTS.

151.	SCOTTISH (*Old*), S. Scott, Dialect	161
152.	SECHUANA, Transvaal, *S. Africa*	162
153.	SENECA-INDIAN	163
154.	SERVIAN	164
155.	SGAU-KAREN—*E. India*	165
156.	SINDHI—*India*	166
157.	SINGHALESE—*Ceylon*	167
	SIOUX, SEE DAKOTA-INDIAN.	
158.	SITSIKA (*Blackfeet*)-INDIAN	168
159.	SLAVE-INDIAN	169
160.	SLAVONIC	170
161.	SLOVAK—*Hungary*	171
162.	SLOVENIAN	172
163.	SOERABAYAN OR LOW MALAY	173
164.	SPANISH	174
165.	SUNDANESE	175
166.	SWAHILI, ZANZIBAR, *Africa*	176
167.	SWEDISH of 1300	177
168.	SWEDISH of 1500	178
169.	SWEDISH of 1646	179
170.	SWEDISH	180
171.	SYRIAC (*Ancient*)	181
172.	SYRIAC (*Modern*)	182
173.	SYRO-CHALDAIC (*Nestorian*)	183
	The Language Spoken by our Lord.	
174.	SYRO-CHALDAIC (*Roman Type*)	184
175.	TAHITIAN, *Society Islands*	185
176.	TAMIL—*South India*	186
177.	TELUGU—*South India*	187
178.	THIBETAN—*Asia*	188
179.	TIGRE—*Africa*	189
180.	TSCHI OR TWI—*Africa*	190
181.	TURKISH	191
182.	URDU, *India*, (*Roman*)	192
183.	WELSH	193
184.	WENDISH (*Upper Lusatia*)	194
185.	WENDISH (*Lower Lusatia*)	195
186.	YORUBA—*Africa*	196
187.	ZULU—*Africa*	197
188.	THE LORD'S PRAYER, by Wallin	198

PREFACE

THIS little book is placed before the public for the purpose of giving, in a concise form, an introductory view of the principal languages and dialects of the world, as they appear in print; and at the same time, to aid in the cultivation of religious thought, and the adoration of the Supreme Being.

We have endeavored to gather from many distant countries, and bring within the reach of all, what we feel must prove universally interesting knowledge; but which has so far as we know, hitherto been comparatively hidden from the majority of people and only obtainable in large and expensive foreign volumes.

Undoubtedly many, even learned men, will discover something pleasing and gratifying in the present little volume, and it is hoped it may find a place in every household in the land and whenever referred to, that it will be found attractive, instructive and curious.

THE PUBLISHER.

The Lord's Prayer.

ACRA OR GÃ.

(Eastern part of the Gold Coast, Western Africa.)

Translated by J. Zimmermann, Missionary.

Wotše ní yọ n̄wei: Ogbẹí lẹ afe kroṅkroṅ! ı omaṅtšẹyeli le aba! afe no ni ọsumoọ yẹ šikpoṅ lẹ nọ, takẹ afeọ yẹ n̄wei lẹ! ı Hãwọ n̄mẹne wọdāṅmã; ni okẹ wọnyōdši lẹ afawọ, tamọ boni wọ hũ wọkẹ-faä mei ní woọwọ nyomọ lẹ; ı ni okẹwọ akaya ká lẹ mli; ši dšiemọwọ kẹ-dšẹ efoṅ lẹ mli. Ši onõ dši maṅtšẹyeli lẹ, kẹ hewalẹ lẹ, kẹ aṅ umnyam lẹ, kẹyaši nanọ! Amen.

The Lord's Prayer.

AFGHAN OR PUSHTOO.

(AFGHANISTAN, EAST OF PERSIA, ASIA.)

ترو په دې شان دعا کوئ تاسي چه
اې پلاره ځمونږه چه پر آسمان کښې ئې
نوم ستا دې په پاکي سره ووایه شي بادشا
هت ستا نو راشي اراده ستا لکه چه په
آسمان کښې ده په زمکه کښې دې هم جا
ړې وي روزې د نن ورځې ځمونږ نن و
موږ ته راکړه او پور ستا و موږ ته و
بخښنه لکه چه ځه موږ پور ویړ خپلو ته پوږړم
نه بخښنو او و آزمېښت ته مو مه
بیایه مګر له مینځه د بدو مو ویاسه

(ST. MATTHEW VI, 9 13. TO BE READ FROM RIGHT TO LEFT.)

The Lord's Prayer.

ALBANIAN.

(NORTH PART OF THE TURKISH PROVINCE ALBANIA ON THE ADRIATIC SEA.)

Gheg Dialect.

Àti ynę ki yė ndę kiel, ušeńtęnōft' ěmęni yt. Arϴtę mbęre tęnia yote. U bãftę dašunimi yt, si ndę kiel, eðe mbę ðēt. Bŭkęnę tonę tę pęrditšęmen' ep-na neve sot. Eðe faḷ-na detŭrętę tona, sikurse eðe na ua falim detŏręvet tanę. Eðe mos na štierę ndę ngăsęye, por špęto-na prei sę kękit: sepsĕ yŏtęya ãštę mbę retenia, eðe fukia, eðe lafti ndę yetęt tę yètęvet. Amen.

The Lord's Prayer.

ALBANIAN.

(South part of the Turkish Province Albania, on the Adriatic Sea.)

Tosk Dialect.

Γιάτι ἰνε̱ ᾆ̱ε γέ μπε̱ κίελ, κιόφτε̱ ὄε̱ν-
τερούαρε̱ έ̱με̱ρι ῖτ.

Αρτε̱ μπρετερία γιότε· οὖ
πέφτε̱ οὖρδε̱ρι ῖτ, σὶ κούντρε̱ πέ-
νετε̱ ντε̱ Κίελ ἀ̇ο̈του̇ ὲ δε̱ μπε̱ δέ.

Επνα νάβετ πούλε̱ν ὲ σότμε
τε̱ νὰ δούχετε̱ πὲρ φὺσ τένε̱.

Ε δὲ ντε̱λένα φάγετε̱ τόνα,
σὶ κούντρε̱ ντε̱λέγεμε̱ ὲ δὲ νὰ ἀτὰ
ᾆ̱ε φε̱λέγε̱νε̱ ντε̱ νέβετ.

Ε δὲ μὸς ναλε̱ο̈ότζ νέβετ, ντε̱
ντονε̱ πιρασμό, πὸ ὄπε̱τόνα ναβετ
γκὰ ἰ λίϝου. σὲ γιότε̱για ε̱̈ότε̱ μ.πρε-
τε̱ρια, ὲ δὲ φουκία, ὲ δὲ λε̱βδίμι
ντε̱ γέτε̱ τὲ πὰ σόσουρε̱, ϐι̱ρτέτ.

The Lord's Prayer.

ALGONKIN (Nipissing) or ALGONQUINE-INDIAN.

(NORTH AMERICA.)

From "Catechisme Algonquine,"
Montreal 1865.

OOenidjanisimiang, ooakooing epian: Kekona kitchitooaooidjikatek kit ijinikazoooin. Kekona pitchijamagak ki tebeningeooin. Kekona iji papamitagon aking engi ooakooing. Ni pakooejiganiminan neningokijik eji manesiâng mijichinam nongom ongajigak. Gaie iji ooanisitamaooichinam inikik nechkiinang eji ooanisitamaooangitch aooia ka nichkiiamindjin. Gaie kaooin pakitenimichikangen kekon ooa pachiooinigoiangin; Taiagooatch atchitch ininamaooichinam maianatak. Kekona ki ingi.

The Lord's Prayer.

AMHARIC.

(Abyssinia, Eastern Africa.)

Translated by Abu Ruhh Habessinus.

አባታችን፡ሆይ፡በሰማይ፡የምትኖር፡በምችኅ፡ይቀደስ። መንግሥትኅ፡ትምጣ። ፈቃድኅ፡በሰማይ፡እንደ፡ሆነች፡እንደሁም፡በምድር፡ትሁን። እንጀራችንን፡የሚበቃንን፡ስጠን፡ዛሬ። በየላትነንም፡ይቅር፡በለን፡እኛ፡ደግሞን፡ለበደሉን፡ይቅር፡እንደምንል። ወደ፡ፈተነም፡አታግባን። ከክፉ፡አድነን፡እንጂ። መንግሥት፡ያንት፡ነውና፡ኃይልም፡ምስጋናም፡ለዘላለሙ። አሜን።

The Lord's Prayer.

AMOY COLLOQUIAL.

(Roman Type.)

(Amoy, China, and Island of Formosa.)

Án-ni kî-tó tio̍h kong, Goán ê Pē toà tī thiⁿ-nih, goān lí ê miâ tsòe sèng; lí ê kok lîm-kàu, lí ê chí-ì tio̍h chiâⁿ tī toe-nih chhin-chhiūⁿ tī thiⁿ-nih; só͘ tio̍h-ēng ê bí-niû kin-á-ji̍t hō͘ goán; goán sià-bián tek-tsōe goān ê lâng, kiû sià-bián goán ê tsōe; bo̍h-tit hō͘ goán tú-tio̍h chhì, tio̍h kiù goán chhut pháiⁿ; in-ūi kok, koân-lêng, êng-kng lóng sī lí-ê kàu tāi-tāi; sim só͘ goān.

The Lord's Prayer.

ANEITYUMESE.

(Isle of Aneityum, New Hebrides, Melanesia, S. Pacific Ocean.)

Ak Etmana.

Ak Etmama an nohatag, Etmu itaup nidam. Etmu yetpam nelcau nnyum. Uhmu imyiaiji intas unyum an nobohtan, et idivaig an nohatag. Alaama aiek nitai caig incama an nadiat ineig. Um jim aru tah nedo has unyima aiek, et idivaig ecra eti aru tah nedo has o atimi vai cama aijama. Um jim atau irama an nedo oop aiek, jam imyiatamaig cama va niji itai has. Et idim unyum aiek nelcau, im nemda, im nimyiahpas, irai iji mesese. Emen.

The Lord's Prayer.

ANGLO-SAXON.

Leading Dialect of Ancient England.

(Transmitted by John M. Kemble, M. A. from Manuscripts in Corpus Christi College, Cambridge, England. See "Early English.")

Fæder úre þu þe eart on heofenum, Si þin nama gehalgod. To-becume þin ríce. Gewurðe þin willa on eorðan, swa swa on heofonum. Urne gedæghwamlican hlaf syle us to dæg. And forgyf us úre gyltas, swa swa wé forgyfað úrum gyltendum. And ne gelǽd þu us on costnunge, ac alys us of yfele: Soðlice.

The Lord's Prayer.

ARABIC.

(Arabia, Egypt, Syria, Mesopotamia &c.)

The Oriental Language of Religion and Science. Sacred to the Mohammedans.

(Translated from the Greek by American Missionaries.)

ابانا الذي في السموات. ليتقدّس اسمك. ليأت ملكوتك. لتكن مشيئتك كما في السماء كذلك على الارض خبزنا كفافنا أعطنا اليوم. واغفر لنا ذنوبنا كما نغفر نحن ابضًا للمذنبين الينا. ولا تدخلنا في تجربة. لكن نجّنا من الشرّير. لان لك الملك والقوّة والمجد الى الابد. آمين.

(TO BE READ FROM RIGHT TO LEFT.)

The Lord's Prayer.

ARABIC (Vowelled).

(ARABIA, SYRIA, EGYPT AND MESOPOTAMIA.)
"SEE PRECEEDING PAGE."

ٱلصَّلٰوةُ ٱلرَّبَّانِيَّةُ

(Translated by American Missionaries.)

أَبَانَا ٱلَّذِي فِي ٱلسَّمٰوَاتِ لِيَتَقَدَّسِ ٱسْمُكَ. لِيَأْتِ مَلَكُوتُكَ. لِتَكُنْ مَشِيئَتُكَ كَمَا فِي ٱلسَّمَاءِ كَذٰلِكَ عَلَى ٱلْأَرْضِ. خُبْزَنَا كَفَافَنَا أَعْطِنَا ٱلْيَوْمَ. وَٱغْفِرْ لَنَا ذُنُوبَنَا كَمَا نَغْفِرُ نَحْنُ أَيْضًا لِلْمُذْنِبِينَ إِلَيْنَا. وَلَا تُدْخِلْنَا فِي تَجْرِبَةٍ. لٰكِنْ نَجِّنَا مِنَ ٱلشِّرِّيرِ. لِأَنَّ لَكَ ٱلْمُلْكَ وَٱلْقُوَّةَ وَٱلْمَجْدَ إِلَى ٱلْأَبَدِ. آمِين

(TO BE READ FROM RIGHT TO LEFT.)

The Lord's Prayer.

ARMENIAN (Ancient).

(ARMENIA, SOUTH OF CAUCASUS, BETWEEN ASIA-MINOR AND CASPIAN SEA.)

Հայր մեր որ յերկինս․ սուրբ եղիցի անուն քո։ Եկեսցէ արքայութիւն քո․ եղիցին կամք քո որպէս յերկինս և յերկրի։ Զհաց մեր հանապազորդ տուր մեզ այսօր։ Եւ թող մեզ զպարտիս մեր, որպէս և մեք թողումք մերոց պարտապանաց։ Եւ մի տանիր զմեզ ի փորձութիւն, այլ փրկեա՛ զմեզ ի չարէ․ զի քո է արքայութիւն և զօրութիւն և փառք յաւիտեանս ամէն։

The Lord's Prayer.

BASQUE (French).

(DEPARTMENTS OF NAVARRE AND THE PYRENEES, SOUTHWESTERN FRANCE.)

Labourdin Dialect.

Gure Aita.

Gure Aita, ceruetan çarena, erabil bedi sainduqui çure icena; ethor bedi çure erresuma; eguin bedi çure borondatea ceruan beçala lurrean ere; Iguçu egunean gure eguneco oguia; Eta barkha dietçaguçu gure bekhatuac; ecen barkhatcen ditugu orobat gure ganat çordun diren guciei. Eta ez gaitçatçula tentacionetan sararaz; aitcitic, beguira gaitçatçu gaitcetic.

(ST. LUKE XI. 2-4.)

The Lord's Prayer.

BASQUE (Spanish).
(BISCAYAN PROVINCES, NORTHERN SPAIN.)

Aita gurea.

Aita gurea, zeruetan zaudena, santificatua izan bedi zure izena. Betor zure erreinua. Eguin bedi zure vorondatea, nola zeruan ala lurrean. Eman iguzu egunean gure eguneco oguia. Eta barcatu izquigutzu gure pecatuac, zergatic guc gueronec ere barcatzen diegu, gu zor gaituzten guziei. Eta ezgaitzazula eraman tentaziora, baizic libratu gaitzatzu gaitzetic.

(ST. LUKE XI. 2-4.)

The Lord's Prayer.

BENGA.

(Gaboon and Corisco, West Africa.)

(Translated by Rev. G. McQueen; Revised by Rev. R. H. Nassau.)

Hangw' 'ahu a jad' o Hĕvĕn, dina jâvĕ i diyake hole. Ipangiya javĕ i vake. Upango muâvĕ u hamake o he, ka m' u jad' oba. Vĕkĕ hwĕ o buhwa tĕkabo beja bea buhwa ka buhwa. Na, nâvĕ o ka iyakidĕ hwĕ mabe mahu panika hwĕ-ho iyakidĕ ba hakĕ hwĕ bobe. O valakidĕ hwĕ o iyĕjudwĕ, ndi vĕngĕkidĕ hwĕ o bobe: ikabojana ipangiya, na ngudi, n' ivenda be nd' ibeâvĕ. Amĕn.

The Lord's Prayer.

BENGALI.

(Province of Bengal, India.)

Translated by Foreign and Indian Missionaries, for the use of Thirty-five Million Bengalese Natives.

হে আমাদের স্বর্গস্থ পিতঃ, তোমার নাম পূজ্য হউক। তোমার রাজ্য হউক; আর তোমার ইচ্ছা স্বর্গেতে যেমন, তেমনি পৃথিবীতেও সফল হউক। আমাদের প্রয়োজনীয় আহার অদ্য দেও। আর আমরা যেমন আপন অপরাধিদিগকে ক্ষমা করি, তদ্রূপ তুমিও আমাদের এবং আমাদিগকে পরীক্ষাতে আনিও না; কিন্তু মন্দ হইতে রক্ষা কর; (রাজ্য ও গৌরব ও পরাক্রম ক্ষমা কর, কেননা এ সকলি সদাকালে তোমার; আমেন।)

The Lord's Prayer.

BOHEMIAN.

Modlitba Páně.

Otče náš, kterýž (jsi) v nebesích; posvěť se jméno tvé. Přijď království tvé; buď vůle tvá, jako v nebi tak i na zemi. Chléb náš vezdejší dej nám dnes. A odpusť nám viny naše, jakož i my odpouštíme vinníkům našim. I neuvoď nás v pokušení; ale zbav nás od zlého; nebo tvé jest království, i moc, i sláva, na věky. Amen.

The Lord's Prayer.

BUGI.
(ISLAND OF CELEBES, DUTCH E. INDIES.)

The Lord's Prayer.

BULGARIAN.
(Bulgaria, Rumelia and Macedonia.)

Отче нашъ.

Отче нашъ, който си на небеса, да ся святи име-то твое; Да дойде царство-то твое; да бѫде воля-та твоя, както на небе-то, тъжа и на земіж-тж. Хлѣбъ-тъ нашъ насѫщный. дай го намъ днесь; И прости ни дългове-тѣ наши, както и ный прощ авамы на наши-тѣ длъжницы; И не въведи насъ въ искушеніе, но избави насъ отъ лукаваго; защото е твое царство-то и сила-та и слава-та во вѣкы. Аминь.

The Lord's Prayer.

BURMESE.

(Burmese Empire and Arracan, East-India.)

Translated by American Missionaries.

ထို့ကြောင့်သင်တို့ဆု
တောင်းရမည်မှာ၊ ကောင်းကင်ဘုံ၌ရှိတော်မူသော
အကျွန်ုပ်တို့ အဖ၊ ကိုယ်တော်၏ နာမတော် အား
ရှိသေးလေးမြတ်ခြင်း ရှိပါစေသော၊- နိုင်ငံတော်
တည်ထောင်ပါစေသော။ အလိုတော်သည်ကောင်း
ကင်ဘုံ၌ ပြည့်စုံသကဲ့သို့၊ မြေကြီး ပေါ်မှာ ပြည့်စုံ
ပါစေသော။- အသက် မွေးလောက်သော အစာ
ကိုအကျွန်ုပ်တို့အား ယနေ့ပေးသနား တော်မူပါ။-
သူတပါးသည်အကျွန်ုပ်တို့ကို ပြစ်မှားသောအပြစ်
များကိုအကျွန်ုပ်တို့သည် လွှတ်သကဲ့သို့၊အကျွန်ုပ်
တို့၏အပြစ်များကိုလွှတ်တော်မူပါ။- အပြစ်သွေး
ဆောင်ရာသို့မလိုက်မပါစေဘဲ၊ မကောင်း သော
အမှုအရာမှလည်း ကယ်နှုတ်တော်မူပါ။ အစိုးပိုင်
သောအခွင့်နှင့် ဘုန်းတန်ခိုးအာနုဘော်သည်ကမ္ဘာ
အဆက်ဆက်ကိုယ်တော်၌ရှိပါ၏။အာမင်။ဟုဆု
တောင်းကြလော့။-

The Lord's Prayer.

CANARESE.

(MYSORE AND THE CANARA PROVINCES, SOUTHERN INDIA.)

Translated for the use of Fifteen Million Canarese Speaking Natives.

ಪರಲೋಕದಲ್ಲಿರುವ ನಮ್ಮ ತಂದೆಯೇ, ನಿನ್ನ ನಾಮವು ಪರಿಶುದ್ಧವಾಗಲಿ. ನಿನ್ನ ರಾಜ್ಯವು ಬರಲಿ. ನಿನ್ನ ಚಿತ್ತವು ಪರಲೋಕದಲ್ಲಿ ಆಗುವ ಪ್ರಕಾರ ಭೂಮಿಯು ಮೇಲೆಯೂ ಆಗಲಿ. ನಮ್ಮ ಆಸೆ ೧ದಿನದ ಕೊಟ್ಟಿಯನ್ನು ಈ ಹೊತ್ತು ನಮಗೆ ಕೊಡು. ನಾವು ನಮ್ಮ ಸಾಲಗಾರ ರಿಗೆ ಬಿಡುವ ಪ್ರಕಾರ. ನಮ್ಮ ಕಾಲಗಳೆಸ್ನು ನಮಗೆ ಬಿಡು. ಸಮ್ಮೆಸ್ನು ಶೋಭನೆಯಲ್ಲಿ ಸೇರಿಸದೆ, ಕೇಡಿನೊಳ್ಳಿಂದ ನಮ್ಮೆಸ್ನು ತಪ್ಪಿಸು. ಯಾಕಂದರೆ ರಾಜ್ಯವೂ ಬಲವೂ ಮಹಿಮೆಯೂ ಎಂದೆಂದಿಗೂ ನಿನ್ನವೇ. ಆಮೆ॓.

The Lord's Prayer.

CHALDAIC.

The Principal Idiom of Ancient Babylon.

הכנא הכיל צלו אנתון אבון
דבשמיא נתקדש שמך ׃ תא
תא מלכתוך נהוא צבינך
איכנאדבשמיא אף בארעא ׃
הב לן לחמא דסונקנן יומ
א ׃ ושבוק לן חובין איכנא דא
ף חנן שבקן לחיבין ׃ ולא ת
עלן לנסיונא אלא פצן מן ביש
א מטל דדילך הי מלכותא וח
ילא ותשבוחתא לעלם עלמין
אמין ׃

(TO BE READ FROM RIGHT TO LEFT.)

The Lord's Prayer.

CHAMBA.

(State of Chamba, Northern India.)

Translated for the Chamba Population and Printed in Thakari Characters.

The Lord's Prayer.

CHEROKEE-INDIAN.

(Indian Territory, N. America.)

ᏧᎩᏙᏓ ᎦᎸᎳᏗ ᎮᎯ, ᎦᎸᏉᏗᏳ ᎨᏎᏍᏗ ᏕᏣᏙᎥᎢ. ᏣᎬᏫᏳᎯ ᎨᏒ ᏫᎦᎾᏄᎪᎢ. ᎠᏂ ᎡᎶᎯ ᎾᏂᎦᎵᏍᏓ ᏧᎨᏓᏅᏛᏍᎬᎢ, ᎾᏍᎩᏯ ᎦᎸᎳᏗ ᏥᏂᎦᎵᏍᏗᏱ. ᏂᏆᏙᏆᏮᏒ ᏧᎦᎵᏍᏆᏰᏗ ᏍᎩᎥᏏ ᎪᎯ ᎢᎦ. ᏗᎨᏍᎩᎥᏏᏉᏃ ᏕᏍᎩᏚᎡᎢ, Ꮎ-ᏍᎩᏯ ᏥᏗᎦᏂᏥᏁᎨ ᏦᏥᏚᎩ. ᎠᎴ ᏞᏍᏗ ᎤᏓᎪᎵᏴᏗᏱ ᎨᏒ ᎾᏗᏍᎩᏯᏗᏅᏍᎳᏅᎩ, ᏍᎩᏳᏓᎴᏍᏆᏍᏗᏉᏍᎩᏂ ᎤᏲ Ꭸ-ᏒᎢ. ᏣᏤᎵᎦᏴᏃ ᏣᎬᏫᏳᎯ ᎨᏒᎢ, ᎠᎴ ᏣᎵᏂᎩᏗᏱ ᎨᏒᎢ, ᎠᎴ ᎡᏣᏄᏉᏗᏳ ᎨᏒ ᏂᎪᎯᎸᎢ. ᎡᎺᏅ.

The Lord's Prayer.

CHINESE.

我父在天、願爾名聖、爾國臨格、爾旨得成、在地如在天焉、我儕所需之糧、今日賜我、免我儕諸負、如我免負我者、尤毋導我於誘惑、乃拯我出於惡、蓋國也、權也、榮也、皆歸於爾、爰及世世、亞孟。

(TO BE READ FROM THE HEADING DOWNWARD; COMMENCING AT THE FIRST LINE TO THE RIGHT.)

The Lord's Prayer.

CHINOOK JARGON.

Indian Trade Language on the North Pacific Coast.

Nesika papa klaksta mitlite kopa saghalie. kloshe kopa nesika tumtum mika nem; kloshe mika tyee kopa konaway tilikum; kloshe mika tumtum kopa illahie, kahkwa kopa saghalie. Potlatch konaway sun nesika muckamuck. Spose nesika mamook masahchie, wake mika hyas solleks, pe spose klaksta masahchie kopa nesika, wake nesika solleks kopa klaska. Mahsh siah kopa nesika konaway masahchie. **KLOSHE KAHKWA.**

The Lord's Prayer.

CHIPEWYAN-INDIAN.

(West of Hudson's Bay, British America.)

Translated by Archdeacon Kirkby.

The Lord's Prayer.

CHOCTAW-INDIAN.

(North America.)

Piki vba ish binili ma! Chi hohchifo hvt holitopashke. Ish apehlichika vvt vlashke. Nana ish ai ahni ka yakni pakna ya a yohmi kvt, vba yakni a yohmi mak o chiyuhmashke. Himak nitak ilhpak pim ai vlhpesa kako ish pi ipetashke. Mikmvt nana il aheka puta ish pi kashofi kvt, pishno vt nana pim aheka puta il i kashofi chatuk a ish chiyuhmichashke. Mikmvt anukpvlika yoka ik ia chik pim aiahno hosh, amba nan-okpulo a ish pi a hlakofihinchashke: Apehlichika, mikmvt nan-isht-aiahli, micha isht aholitopa aiena kvt chimmi a bilia yoke. Amen.

The Lord's Prayer.

CREE-INDIAN.

(Hudson's Bay Territory, N. East America.)

Translated by the Rt. Rev. John Horden, D. D.
Bishop of Moosonee.

ᓅᑖᐐᓈᓐ ᑭᓯᑭᔅᑯᒃ ᑳ ᐃᑖᔮᓐ, ᑲᑕ ᐧᐃ ᐸᑐᑫᓕᒋᑳᑌᐤ ᑭᑦ ᐃᔑᓂᑳᓱᐏᓐ× ᑭᑦ ᐅᑭᒫᐏᐏᓐ ᑲᑕ ᐧᐃ ᐅᑎᒋᐸᓕᓐ× ᐁ ᐃᑌᓕᑕᒪᓐ ᑲᑕ ᐧᐃ ᑐᒋᑳᑌᐤ ᐅᑕ ᐊᔅᑮᕽ ᒉᐱᔅᑯᐠ ᑭᓯᑭᔅᑯᒃ× ᒥᓂᓈᓐ ᐊᓄᐦᐨ ᑳ ᑭᔑᑳᒃ ᑫ ᐅᒋ ᐱᒦᑎᓱᔮᒃ× ᐧᐁᐯᓕᑕᒪᐏᓈᓐ ᒫᑲ ᓂ ᒪᒋᓇᐃᑲᓂᓈᓇ, ᐁ ᐃᔑ ᐧᐁᐯᓕᑕᒪᐧᐊᑭᑎᒃ ᐊᓂᑭ ᑳ ᒫᒋᓇᐃᑯᑕᐧᐃᔭᒥᒋᒃ× ᐁᑳ ᐧᐃᓚ ᒪᑲ ᐃᑐᑕᐃᓈᓐ ᑫ ᐃᔑ ᑳᐧᑫᒋᐃᑲᐧᐃᔫᒃ; ᒫᑲ ᒥᒑᐧᑫᓇᒫᐧᐃᓈᓐ ᒪᒋ ᑫᐧᑳᓇ: ᐧᐁᔥ ᑭᓚ ᑭ ᑎᐱᓚᐧᐁᐧᐃᓯᓐ ᐅᑭᒪᐧᐃᐧᐃᓐ, ᓀᐢᑕ ᑲᐢᑭᐅᐧᐃᓐ, ᓀᐢᑕ ᑭᐢᑌᓕᑖᑯᓯᐧᐃᓐ, ᑳᑭᑫ× ᐁᒣᓐ×

The Lord's Prayer.

CREE-INDIAN.

(NORTHWEST AMERICA.)

Translated by Rev. James Hunter, D. D.

N'Ŏtawenan kĕche kesikoŏk ayayun, kitta wĕ kĕkatāyĕtakw un ke wĕyoowin. Ke tipāyĕchekāwin kitta oochechepuyew A itāyĕt umun kitta wĕ tochekatāo ota usk eĕk, ka isse ayak kĕche kesikoŏk. Meeyinan unoŏch ka kesikak kā oo pŭkwāsekunimeyāk. Mena usānumowinan ne mussināhikāwinenana, ka isse usānumowukeĕtchik u nekee ka mussinahumakooyākik. Mena ākaweya itoŏtahinan wuyā sĕchekāwinik, maka metakwānumowinan muche kākwi: Keya ket ayan kĕche otānowewin, wawach soŏ katissewin, mena mumĕchimikoowin. kakekā. Amen.

The Lord's Prayer.

CROATIAN.*

(Croatia, Servia, Bosnia, Herzegovina, Montenegro, Slavonia, Dalmatia, &c.)

Oče Naš.

Oče naš koji si na nebesima, da se sveti ime tvoje; Da dogje carstvo tvoje; da bude volja tvoja i na zemlji kao na nebu; Hljeb naš potrebni daj nam danas; I oprosti nam dugove naše kao i mi što opraštamo dužnicima svojijem; I ne navedi nas u napast; no izbavi nas oda zla. Jer je tvoje carstvo, i sila, i slava va vijek. Amin.

(* THE SAME AS SERVIAN, IN ROMAN TYPE.)

The Lord's Prayer.

DAKOTA-INDIAN OR SIOUX.
(NORTH AMERICA.)

Itancan Tawocekiye Kin.
(Translated by Rev. Stephen R. Riggs, D. D.)

Ate unyanpi maḣpiya kin en; Nicaje wakandapi kte; Nitawacin ecen econpi nunwe, maḣpiya kin en iyececa, nakun maka akan: Anpetu kin de anpetu woyute unqu miye: Qa waunḣtanipi kin unkicicajuju po, tona waunkicihtanipi wicunkicicajujupi kin he iyececa: Qa taku wawiyutanyan un kin en unkayapi śni po, tuka taku śice cin etanhan eunhdaku po: Wokiconze kin he niye nitawa, qa wowaśake kin, qa wowitan kin, owihanke wanica. Amen.

(SEE NEXT PAGE.)

The Lord's Prayer.

DAKOTA-INDIAN OR SIOUX.
(NORTH AMERICA.)

Itancan Tawocekiye Kin.

(Latest Translation; being the one now in use in all the Missionary Churches.)

Ateunyanpi Maḣpiya ekta nanke cin, Nicaje wakandapi kte: Nitokiconze u kte. Nitawacin maka akan econpi nunwe; maḣpiya ekta iyececa. Anpetu kin de anpetu woyute unqu po. Qa waunḣtanipi unkicicajuju miye; tona śicaya ecaunkiconpi wicunkicicajujupi kin iyececa. Qa taku wawiyutan en unkayapi śni ye: tuka taku śice cin etanhan eunyaku po. Wokiconze kin he Niye nitawa, qa wowaśake kin, qa wowitan kin, owihanke wanica. Amen.

(SEE PRECEDING PAGE.)

The Lord's Prayer.

DANISH OR NORWEGIAN.

Herrens Bøn.

Fader vor, du som er i Himlene; helliget vorde dit Navn; tilkomme dit Rige; ske din Villie, som i Himmelen saa og paa Jorden; giv os i Dag vort daglige Brød, og forlad os vor Skyld, som vi og forlade vore Skyldnere; led os ikke ud i Fristelse men frels os fra det Onde! Thi dit er Riget Magten og Æren i Evighed. Amen!

The Lord's Prayer.

DANISH-SAXON.

One of the English Idioms. A. D. 875.

(King Alfred's translation.)

Fäden ure, thu the earth on heofenum,

Si thin nama gehalgod,

To be cume thin rice,

Gewurthe thin wille on earthan swa swa on heofnum.

Urne ge däghwanlican hlaf syle us to däg,

And forgyf us ure gyltas, swa swa we forgyfath urum gyltendum.

And ne gelädde thu us on costnung.

Ac alyse us of yfle.

The Lord's Prayer.

DANISH-SAXON.

One of the English Idioms. A. D. 880.

(Father Aldred's translation.)

Fader uren, thu arth in heofnum,

Si gehalgud noma thin,

To cymeth ric thin,

Sie willo thin suae is in heofne and in eortha.

Hlaf usenne ofi wistlic sel us to däg,

And fergef us sculda usna suä ue fergefon scyldgum usum.

And ne inläd usih in costunge,

Uh gefrig usich from yfle.

The Lord's Prayer.

DELAWARE-INDIAN.
RENAPI, of New Sweden.

(NORTH AMERICA.)

Translated from Luther's Catechism by Rev. John Campanius 1646.

Nook niroona, chijr jooni hoorítt mochyrick Hocquaéssung táppin: Chíntikat chijre Rooaénse. Phaa chijre Tutæænungh. Hátte chéko chijr tahottamen, renáckot thaani Hocqnaéssung, renáckot ock taani Hácking. Niroona shéu póón pææta chijr jócke. Ock chijr sinkáttan chéko nijr mattarútti hátte maranijto, renackot ock nijr sinkáttan chéko manúnckus Renáppi maranijto nijre. Ock chijr, mátta bakíttan nijr, taan manúnckus Manétto. Suck bakíttan niroona suhwijvan manúnckus. Kitzi.

The Lord's Prayer.

DELAWARE-INDIAN.
LENNI LENAPI of North Pennsylvania.

(NORTH AMERICA.)

From D. Beisberger's Spellingbook of 1776.

(Ki) Wetochemellenk, (talli) epian awossagame: Machelendasutsch ktellewunsowoagan; Ksakimawoagan pejewiketsch; Ktelitehewoagan leketsch talli achquidhakamike elgiqui leek talli awossagame; Milineen juke gischquik gunigischuk achpoan; Woak miwelendamau(w)ineen 'ntschanauchsowoagannena, elgiqui niluna miwelendamauwenk nik tschetschanilawemquengik; Woak katschi npawuneen li achquetschiechtowoaganink; Schukund ktennineen untschi medhikink; Ntite knihillatamen ksakimawoagan, woak ktallewussowoagan, woak ktallowilissowoagan; (ne wuntschi hallemiwi) li hallamagamik. Amen.

The Lord's Prayer.

DORPAT-ESTHONIAN.

(East part of the Baltic Province of Esthonia, Russia.)

Meie Essa.

Meie Essa taiwan, pühhendetus sago sinno nimmi. Sinno riik tulgo. Sinno tahtmine sündko kui taiwan, nida ka ma pääl. Meie päiwaliko leiba anna meile täämba. Nink anna meile andis meije süda, nida kui ka meie andisanname ommile süüdlaisile. Nink ärra sada meid mitte kiusatuse sisse; enge pästa meid ärra kurjast. Sest sinno perralt om riik, nink wäggi, nink awwustus iggawetsel ajal. Amen.

The Lord's Prayer.

DUTCH OR HOLLANDISH.
NETHERLANDISH.

Het Gebed des Heeren.

Onze Vader, die in de hemelen zijt! uw naam worde geheiligd. Uw koningrijk kome. Uw wil geschiede, gelijk in den hemel, alzoo ook op de aarde. Geef ons heden ons dagelijksch brood. En vergeef ons onze schulden, gelijk ook wij vergeven onzen schuldenaren. En leid ons niet in verzoeking, maar verlos ons van den booze. Want uw is het koningrijk, en de kracht, en de heerlijkheid, in de eeuwigheid. Amen.

The Lord's Prayer.

DYAK OR DAJAK.
(Borneo, East India.)

Apang ikäi.

Apang ikäi, idjä huang sorga! käläh aram imprasih; Käläh karadjaam dumah; käläh kahandakm djadi, kilau huang sorga, kakai kea hundjun petak. Tenga talo kinan ikäi ombet akan andau toh. Tinai ampun karä kasalan ikäi, kilau ikäi kea mampun olo, idjä sala dengan ikäi; Tinai äla manamäan ikäi huang tingkes, tapi lapas ikäi bara talo papa. Krana ajum aton karadjaan, tuntang kwasa, tuntang kahai katahitahi. Amen.

The Lord's Prayer.

ENGLISH, A.D. 700.

Anglo-Saxon.

Uren Fader thic arth in heofnas,

Sic gehalgud thin noma,

To cymeth thin ric,

Sic thin willa sue is in heofnas and in eortho.

Uren hlaf ofen-wirtlic sel us to daeg,

And forgef us scylda urna, sue we forgefan scyldgum urum.

And no inlead usith in costnung,

Ah gefrig urich from ifle.

The Lord's Prayer.

EARLY ENGLISH.

Anglo-Saxon.

(From the Durham Book in the British Museum. Probably written in the time of Alfred the Great, 871 to 901.)

Fader uren thu arth in heofnum sic gehalgud noma thin; to cymeth ric thin; sie willo thin suaels in heofne & in eortho; hlaf usenne ofer wistlic sel us todaeg; & forgeff us scylda usna suae uae forgeofon scyldgum usum; & ne inlaed usih in costunge uh gelrig usich from yfle.

The Lord's Prayer.

EARLY ENGLISH.

(From an old Manuscript. Probably by Father Furman.)

Fäder usen se the is on heofnum,
Gihalgod bith noma thin,
To cymeth rice thin,
Sie willa thin sie swa on heolne
    and on heortho.
Hlaf userne däghwämlice sel us to
    däge,
And forgeff us synne use swa füst-
    lice and eq we forgeofas eghwelce
    scylde usen.
And ne usih on läd thu in costunge,
Ah alria usih from yfle.

The Lord's Prayer.

ENGLISH, ABOUT 1000–1100.

(From MS. of the period.)

Thu ure Fader the eart on heofenum,

Sy thin nama gehalgod,

Becume thin rice,

Sy thin willa swa swa on heofenum swa eac on eorthan.

Syle us to daeg urne daeghwamlican hlaf,

And forgyf us ure gyltas, swa swa we forgyfath tham the with us agyltath,

And ne laed thu na us on costnunge,

Ac alys us fram yfele.

The Lord's Prayer.

ENGLISH, ABOUT 1156.

(By Pope Arian.[1])

Ure Ladye in heaven rich,
Thy name be halyed evey lich,
Thou bring us thy michel bliss,
Als hit in heaven y-do.

Evay in yearth beene it also
That holy bread that lasteth ay
Thou sent it us this ilke day.

Forgive ous all that we have don,
As we forgiveth uch other mon.
Ne let ous fall into no founding,
Ay shield ous fro the fowle thing.

[1] Probably Adrian IV.

The Lord's Prayer.

ENGLISH, LATTER PART OF THE 12th CENTURY.

(From the Cotton MS. Cleopatra.)

Ure Fadir that hart in hevene,
Halged be thi name with giftes sevene,
Samin cume thi kingdom,
Thi wille in herthe als in hevene be don.
Ure bred that lastes ai
Gyve it hus this hilke dai,
And ure misdedis thu forgyve hus
Als we forgyve tham that misdon hus.
And leod us in tol na fandinge,
Bot frels us fra alle ivele thinge.

The Lord's Prayer.

ENGLISH, EARLIER PART OF THE 13th CENTURY.

(From the MS. Arundel.)

Fader ure thatt art in hevene blisse,

Thin hege nume itt wurthe bliscedd,

Cumen itt mote thi kingdom,

Thin hali wil it be al don

In hevene and in erthe all so,

So itt sall ben ful wel ic tro.

Gif us alle one this dai

Ure bred of iche dai,

And forgive us ure sinne

Als we don ure witherwinnes.

Leet us noct in fondinge falle,

Ooc fro ivel thu sild us alle.

The Lord's Prayer.

ENGLISH OF THE 13th CENTURY.

(From manuscript of the period.)

Hure Fader that art in hevene, blessed be thi name.
Thin holi heveriche mote us cumen to frame,
Thi wil be don in hevene and in erthe ii same.
To day us yif ure lifli bred that ilke dai we craven,
And foryif us oure dettes so stronge so we hes haven,
Also we don alle men that in our dettes aren.
And lede us noht in fonding, but silde us from harm and fro schame,
And fro alle kennes iveles, thuruh thin holi name.

The Lord's Prayer.

ENGLISH OF THE 13th CENTURY.

(From manuscript of the period.)

Ure Fader in hevene riche,
Thi name be haliid ever iliche,
Thu bringe us to thi michil blisce,
Thi wille to wirche thu us wisse,
Als hit is in hevene ido
Ever in eorthe ben it al so.
That holi bred that lesteth ay
Thu send hit ous this ilke day.
Forgive ous alle that we havith don
Als we forgivet uch other man.
Ne lete us falle in no fondinge,
Ak scilde us fro the foule thinge.

The Lord's Prayer.

ENGLISH OF 1380.

(John Wiclif's[1] translation.)

Oure fadir that art in heuenes halowid be thi name, thi kyngdom come to, be thi wille don in erthe as in heuene, geue to us this day oure breed ouir other substaunce, forgeue to us oure dettis, as we forgeuen to oure dettouris, lede us not in to temptaciouen: but delyeur us from yuel amen.

[1] Also written: Wicliffe, Wickliffe, Wycliffe; but late authors write the learned man's name as above.

The Lord's Prayer.

ENGLISH OF 1400.

(From the MS. George IV.)

Oure Fader in hevene riche,
Thin name be iblesced evere iliche,
Led us Loverd into thi blisce,
Let us nevre thin riche misse.
Let us Loverd underfon
That thin wille be evere idon
Also hit is in hevene
In erthe be hit evene,
The hevene bred that lasteth ay
Gif us Loverd this ilke day,
Forgif us Loverd in our bone
Al that we haven here misdone,
Also wisliche ase we forgiven
Hwiles we in this worlde liven
Al that us is here misdo
And we biseken the thereto,
Led us Loverd to non fondinge
And sscild us from alle evel thinge.

The Lord's Prayer.

ENGLISH ABOUT 1430.

(From MS. at Oxford.)

Oure Fadir that art in hevenes,

Halewid be thi name,

Thi kingdom come to thee,

Be thi will don in eerthe as in hevene.

Give to us this day oure breed over othre substance,

And forgive to us oure dettis as we forgiven oure dettours.

And lede us not into temptation,

But deliver us from ivel.

The Lord's Prayer.

ENGLISH OF 1534.

(William Tyndale's translation.)

O oure father which arte in heven, halowed be thy name. Let thy kyngdom come. Thy wyll be fulfilled, as well in erth, as it ys in heven. Geve vs this daye oure dayly breede. And forgeve vs oure treaspases, even as we forgeve oure trespacers. And leade vs not into temptacion: but delyver vs from evell. For thyne is the kyngedome and the power, and the glorye for ever. Amen.

The Lord's Prayer.

ENGLISH OF 1539.

(Archbishop Thomas Cranmer's translation.)

Oure father which art in heauen, halowed be thy name. Let thy kingdom come. Thy will be fulfilled, as well in erth, as it is in heuen. Geue vs this daye oure dayly bred. And forgeue vs oure dettes, as we forgeue oure detters. And leade us not into temptation: but delyuer vs from euyll. For thyne is the kyngdom and the power, and the glorye for euer. Amen.

The Lord's Prayer.

ENGLISH OF 1611.

(The version authorized by King James I.)

Our father which art in heauen, hallowed be thy Name. Thy kingdome come. Thy will be done, in earth, as it is in heauen. Giue vs this day our dayly bread. And forgiue vs our debts as we forgiue our debters. And leade vs not into temptation, but deliuer vs from euill: For thine is the kingdome, and the power, and the glory, for euer. Amen.

The Lord's Prayer.

ENGLISH.

The Present Version.

(By Special Royal Command. Appointed to be read in English Churches.)

Our Father, which art in heaven, Hallowed be thy Name. Thy kingdom come. Thy will be done in earth, As it is in heaven. Give us this day our daily bread. And forgive us our trespasses, As we forgive them that trespass against us. And lead us not into temptation; But deliver us from evil: For thine is the kingdom, The power, and the glory, For ever and ever. *Amen.*

The Lord's Prayer.

ENGLISH.

The American Version.

(Translated out of the original Greek.)

Our Father which art in heaven, Hallowed be thy name. Thy kingdom come. Thy will be done in earth, as *it is* in heaven. Give us this day our daily bread. And forgive us our debts, as we forgive our debtors. And lead us not into temptation, but deliver us from evil: For thine is the kingdom, and the power, and the glory, for ever. Amen.

The Lord's Prayer.

ESQUIMAUX OR ESKIMO.

(Labrador and the Whale Rivers, Hudson's Bay, British America.)

Atâtavut.

Atâtavut ĸilangme! Attît nertortaule. Nâlegaunît ĸailaule. Pijomajat piniartaule nuname sorlo ĸilangme. Uvlome piksaptingnik tunnitjivigìtigut. Idluinivut issumagijungnaikit, sorlo uvagut idluitullivigijivut issumagijungnaervigigaptigik. Oktortaulungnermut pitinnata. Piulitigulle ajortomit. Nâlegauneĸ, pitsartunerlo ânanaunerlo pigigangne issoĸangitomut. Amen.

The Lord's Prayer.

ETHIOPIC.

Church and Learned Language of Abyssinia.

አቡነ፡ዘበሰማያት፡ይትቀደሰ፡ ስምከ፡፡ ትምጻእ፡መንግሥትከ፡፡ ይኩን፡ፈቃድከ፡በከመ፡ በሰማይ፡ ከማሁ፡በምድር፡፡ ሲሳየነ፡ዘለለ፡ ዕለትነ፡ሀበነ፡ዮም፡፡ ወንድግ፡ለነ፡ በአነ፡ከመ፡ንሕነ፡ንኅድግ፡ለዘአበሰ፡ ለነ፡፡ ወኢታብአነ፡ውስተ፡መንሱ ት፡፡ አላ፡አድኅነ፡ወባልሐነ፡ እም ኵሉ፡እኩይ፡፡ እስመ፡ዚአከ፡ይእ ቲ፡ መንግሥት፡ኃይል፡ወስብሐት፡ ለዓለመ፡ዓለም፡አሜን፡፡

The Lord's Prayer.

FINNISH.

Jumalan rukons.

Isä meidän, joka olet taiwaissa: Pyhitetty olkoon sinun nimes. Lähestyköön sinun waltakuntas. Olkoon sinun tahtos niin maassa, kuin taiwaassa. Anna meille tänä päiwänä meidän jokapäiwäinen leipämme. Ja anna meille meidän welkamme anteeksi, niinkuin mekin anteeksi annamme meidän welwollistemme. Ja älä johdata meitä kiusaukseen. Mutta päästä meitäpahasta. Sillä sinun on waltakunta, ja woima, ja kunnia, ijankaikkisesti. Amen!

The Lord's Prayer.

FLEMISH.

(NETHERLAND PROVINCE OF NORTH BRABANT AND BELGIUM.)

Onze Vader.

Onze Vader, die in den hemel zyt! geheiligd zy uw naem. Dat uw ryk aenkome. Dat uw wil geschiede, op der aerde als in den hemel. Geeft ons heden ons dagelyksch brood. En Vergeeft ons onze schulden, gelyk wy vergeven aen onze schuldenaren. Ende en leidt ons niet in bekoringe; maer verlost ons van den kwaden.
Amen.

The Lord's Prayer.

FRENCH.

L'oraison dominicale.

(D'après la version revue par J. F. Osterbald.)

Notre Père, qui es aux cieux, ton nom soit sanctifié; ton règne vienne; ta volonté soit faite sur la terre comme au ciel; donne-nous aujourd'hui notre pain quotidien; pardonne-nous nos péchés, comme aussi nous pardonnons à ceux qui nous ont offensés; et ne nous induis point dans la tentation; mais délivre-nous du malin; car à toi appartient le règne, la puissance et la gloire à jamais. Amen.

The Lord's Prayer.

GAELIC.
(Highlands of Scotland.)

Urnuigh an Tighearna.

Arn-Athair a ta air nèamh, Gu naomhaichear t'ainm. Thigeadh do rìoghachd. Dèanar do thoil air an talamh, mar *a nithear* air nèamh. Tabhair dhuinn an diugh ar n-aran lathail. Agus maith dhuinn ar fiacha, amhuil mar a mhaitheas sinne d'ar luchd-fiach. Agus na leig am buaireadh sinn; ach saor sinn o olc: oir is leatsa an rìoghachd, agus an cumhachd, agus a' ghlòir, gu sìorruidh.
Amen.

The Lord's Prayer.

GALLA.

(The Galla Country, South of Abyssinia, Eastern Africa.)

Translated by the Rev. Dr. L. Krapf.

አባኪኜ፡ሐዋቃ፡ኢ፡ፒሱ። መቃንኪ፡ሐቃልቁሎሙ (ሐጐደ ቱ)። ሞቹማንኪ፡ሐደፍቱ፡ጀለሊኬ (ቶእየንኪ)፡ለፋ፡ኢ፡ራ፡ሐተኡ። ዋቃ ቲ፡አካ፡ተኤ። ቡደየ፡ኪኘ፡ከን፡ጋፉ፡ ጋፉ (ሐማ፡ኍ፡ገኡ)፡ሐ ርደ፡ኍ፡ኪኒ። ሐሐፉ፡ኍንጀ ደ፡ሐማኘኪኝ፡ኤይስ አሞ፡ ሐሐፉ፡አካ፡ጀኍ፡ከን፡ኍ፡ቲ፡ሐ ማቲ፡ሁንደማ። ገራ፡ሞኮ፡ረሙ፡ቲስ (ጊድ፡ራ፡ቲስ) ኍ፡ሂየሴንቪቪን፡ሔማ ቲ፡ኍ፡ባሲ፡መለ። ሞቹማን፡ኪቲ፡ሁ ምኒ ስ፡ገለኚቦ፡ሐማ፡በራ፡ሁንደማ ቲ። እሜን።

The Lord's Prayer.

GEORGIAN.

(Russian Province of Georgia, between the Black and the Caspian Seas; Central and Western Caucasus.)

მამაო ჩვენო, რომელი ხარ ცათა შინა, წმიდა იყავნ სახელი შენი; მოვედინ სუფევა შენი იყავნ ნება შენი, ვითარცა ცათა შინა, ეგრეცა ქუეყანასა ზედა. პური ჩუენი არ სამისა მომეც ჩუენ დღეს, და მომიტევენ ჩუენ. თანამდებნი ჩუენნი, ვითარცა ჩუენ მიუტევებთ თანამდებთა მათ ჩუენთა; და ნუ შემიყვანებ ჩუენ განსაცდელსა, არამედ მიხსენ ჩუენ ბოროტისაგან. რამეთუ შენი არს სუფევა და ძალი, და დიდება საუკუნეთა მიმართ, ამინ.

The Lord's Prayer.

GERMAN OF THE NINTH CENTURY.

(MODERN TYPE.)

Oratio Dominica.

(From Otfried's "Evangelienharmonie.")

Fater unser guato, (bist druhtin thu gimyato in himilon io hoher,) uuih si namo thiner. Biqueme uns thinaz richi, thaz hoha himilrichi, thara uuir zua io gingen joh emmizigen thingen. Si uuillo thin hiar nidare sos er ist ufin himile in erdu hilf uns hiare so thu engilon duist nu thare. Thia dagalichun zuhti gib hiut uns mit ginuhti, joh follon ouh, theist mera, thines selbes lera. Sculd bilaz uns allen, so uuir ouh duan uuollen, sunta thia uuir thenken joh emmizigen uuirken. Ni firlaze unsih thin uuara in thes uuidaruuerten fara, thaz uuir ni missigangen, thara ana ni gifallen. Losi unsih io thanana, thaz uuir sin thine thegana joh mit ginadon thinen then uueuuon io bimiden. Amen.

The Lord's Prayer.

GERMAN.

Das Gebet des Herrn.

Unser Vater, der du bist in dem Himmel. Dein Name werde geheiliget. Dein Reich komme. Dein Wille geschehe auf Erden, wie im Himmel. Unser täglich Brod gib uns heute. Und vergib uns unsere Schulden, wie wir vergeben unsern Schuldigern. Und führe uns nicht in Versuchung; sondern erlöse uns von dem Uebel. Denn Dein ist das Reich, und die Kraft, und die Herrlichkeit in Ewigkeit. Amen.

The Lord's Prayer.

GILBERT ISLANDS.

(MICRONESIA, PACIFIC OCEAN.)

(Translated by American Missionaries.)

Tamara are i karawa, e na tabuaki aram. E na roko ueam: E na tauaki am taeka i aonaba, n ai aron tauana i karawa. Ko na añanira karara ae ti a tau iai n te boñ aei. Ao ko na kabara ara bure mai roura, n ai arora ñkai ti kabara aia bure akana bure nako ira. Ao tai kairira nakon te káririaki, ma ko na kamaiuira man te buakaka: ba am bai te uea, ao te m'aka, ao te neboaki, n aki toki. Amene.

The Lord's Prayer.

GONDI.

Translated for the Gondi Tribe in Central India.

इम्हाट इद रीतताल् प्रार्थैना कीम्ट हे मावोर स्वर्गवासी दादाल् नीवा परोल् पवित्र कीसी हनी। नीवा राज्य वायार नीवा मर्जीं जैसा आगासते आहुने पृथिमीतपरी पूरो आई। मावा दिनमेटांग साड़ींग नेख्ड माकुन सीम। अनि जैसा अम्मोट अपनो ऋणियालोकुन मुस्साफ़ कीआतोरम आहुने मावा ऋणोकुन मुस्साफ़ कीम। अनि नाकुन आजमी कीँ-आले सन्नी वाटमा पर बुरेताल् पीसाहा बारौकि राज्य अनि पराक्रम अनि महिमा हमेश मीवा ञान्दु आमीन॥

The Lord's Prayer.

GOTHIC OR ANCIENT GERMAN.

(MODERN TYPE.)

From the Gothic Bible.

Atta unsar þu in himinam veihnai namo þein. qimai þiudinassus þeins. vairþai vilja þeins. sve in himina jah ana airþai. hlaif unsarana þana sinteinan gif uns himma daga. jah aflet uns þatei skulans sijaima. svasve jah veis afletam þaim skulam unsaraim. jah ni briggais uns in fraistubnjai. ak lausei uns af þamma ubilin. unte þeina ist þiudangardi. jah mahts jah vulþus. in aivins. amen:

The Lord's Prayer.

GREBO.
(Liberia, Cape Palmas, West Africa.)

Translated, for the Grebo Tribe, by Bishop John Payne, D.D.

Á Buo mo no nede yeu, ná nyine be Koñe. Ná dible be di. Ná woro be nnie da kono mo, tene e nɥede yeu. Hnyi amo nyenayedo nono ene dibade. Nē bá po amo hwiso ko ná tibi ne nede amo mo a ta, tene à ni à pe nyono o bli a tibi kwa, hwiso yi. Nē na wo amo mo, à na bide tudotu nyē; nema báha amo ku ye; E-mo mó ko dible, mó ko e kpwē, mó ko maa e teayiboaeda ti gbiye: Amen.

The Lord's Prayer.

GREEK (Ancient).

Classical Language of the Ancient Hellenes.

Ἡ ΚΥΡΙΑΚΗ ΕΥΧΗ.

Πάτερ ἡμῶν ὁ ἐν τοῖς οὐρανοῖς, ἁγιασθήτω τὸ ὄνομά σου· ἐλθέτω ἡ βασιλεία σου· γενηθήτω τὸ θέλημά σου, ὡς ἐν οὐρανῷ, καὶ ἐπὶ τῆς γῆς· τὸν ἄρτον ἡμῶν τὸν ἐπιούσιον δὸς ἡμῖν σήμερον· καὶ ἄφες ἡμῖν τὰ ὀφειλήματα ἡμῶν, ὡς καὶ ἡμεῖς ἀφίεμεν τοῖς ὀφειλέταις ἡμῶν· καὶ μὴ εἰσενέγκῃς ἡμᾶς εἰς πειρασμόν, ἀλλὰ ῥῦσαι ἡμᾶς ἀπὸ τοῦ πονηροῦ. ὅτι σοῦ ἐστιν ἡ βασιλεία καὶ ἡ δύναμις καὶ ἡ δόξα εἰς τοὺς αἰῶνας· ἀμήν.

The Lord's Prayer.

GREEK (Modern).

(GRECIAN ARCHIPELAGO AND DIFFERENT PARTS OF TURKEY AND THE LEVANT.)

Ἡ ΚΥΡΙΑΚΗ ΕΥΧΗ.

Πάτερ ἡμῶν ὁ ἐν τοῖς οὐρανοῖς ἁγιασθήτω τὸ ὄνομά σου· ἐλθέτω ἡ βασιλεία σου· γενηθήτω τὸ θέλημά σου, ὡς ἐν οὐρανῷ, καὶ ἐπὶ τῆς γῆς· τὸν ἄρτον ἡμῶν τὸν ἐπιούσιον δὸς εἰς ἡμᾶς σήμερον· καὶ συγχώρησον εἰς ἡμᾶς τὰς ἁμαρτίας ἡμῶν, καθὼς καὶ ἡμεῖς συγχωροῦμεν εἰς τοὺς ἁμαρτάνοντας εἰς ἡμᾶς· καὶ μὴ φέρῃς ἡμᾶς εἰς πειρασμόν, ἀλλὰ ἐλευθέρωσον ἡμᾶς ἀπὸ τοῦ πονηροῦ· διότι σοῦ εἶναι ἡ βασιλεία καὶ ἡ δύναμις καὶ ἡ δόξα εἰς τοὺς αἰῶνας· Ἀμήν.

The Lord's Prayer.

GREENLANDISH.
(Greenland, North America.)

Nâlagkap Kinûtâ.

Atátarput killangmẽtotin-à! Akkit ussornarsile! Nalegaveet tikiule! Pekkorset killangmisut nunamisõg tajmãikile! Tunnisigut udlome piksavtinik! Pirsaràunata akkeetsoravta, pissengilavuttõg akkeetsortivut! Ursernartomut pisitsaràunata! Ajortomidle annautigut! Nálegaunetrógavit, pirsarsõunerrudlutidlo, ussornarnerrudlutidlo isukangitsomut. Amen.

The Lord's Prayer.

GUJARATI.

(Surat and Province of Gujarat, N. Bombay Presidency, Western India.)

ઓ આકાશમાંના હમારા બાપ તાહારૂં નાંમ પવીતર મનાએ* તાહારૂં રાજ આવે જેંમ આકાશમાં તેંમ પરથવીપર તહારી ઈછા થાએ* હમારા નીતના રોટલા આજ હમને આપ* ને જેંમ હને હમારા દેવાદારોને માફ કરીએછુઈએ તેંમ તું હમારાં દેવાં હમને માફ કર* ને હમને પરીખશામાં ન લે પણ હમને ભુડાઈથી છોડાવ કેંમકે રાજ તથા પરાક્રમ તથા મહીમા સરવકાલ શુધી તાહારાંછિ* આમીન*

The Lord's Prayer.

HAUSA.

(Negro Tribe each side of the Rivers Niger and Tschadda, Western Africa.)

Translated by Rev. James F. Schön.

Obamu, da ke tsikin alitsana, sunanka si samma keaokeawa. Sarautanka, tana sakkua, abin da ka ke so anayinsa kamma tsikin alitsana hakkana tsikin dunia. Ka bamu yao abintsimu dakulum, Ka yafe mamu sunubaimu, kammada mu muna yafe masu, woddanda suna yi mamu sunufi. Kada ka kaimu tsikin rudi, amma ka tsietsiemu daga mugu. Don Sarauta taka tse, da alhorma, da haske, hal abbada abbada, Amin.

The Lord's Prayer.

HAWAIIAN.

(Sandwich Islands, Pacific Ocean.)

He Pule Ke Akua.

E ko makou Makua iloko o ka lani, e hoanoia kou inoa. E hiki mai kou aupuni; e malamaia kou makemake ma ka honua nei, e like me ia i malamaia ma ka lani la; E haawi mai ia makou i keia la i ai na makou no neia la; E kala mai hoi ia makou i ka makou lawehala ana, me makou e kala nei i ka poe i lawehala i ka makou. Mai hookuu oe ia makou i ka hoowalewaleia mai; e hoopakele no nae ia makou i ka ino; no ka mea, nou ke aupuni, a me ka mana, a me ka hoonaniia, a mau loa aku. Amene.

The Lord's Prayer.

HEBREW.

(PALESTINE.)

Ancient Patriarchal Language of the Israelites.

תפות אדננו

(Translated by Professor Franz Delitzsch, D. D.)

אָבִינוּ שֶׁבַּשָּׁמַיִם יִתְקַדַּשׁ שְׁמֶךָ: תָּבֹא
מַלְכוּתֶךָ יֵעָשֶׂה רְצוֹנְךָ כְּמוֹ בַשָּׁמַיִם כֵּן
בָּאָרֶץ: אֶת־לֶחֶם חֻקֵּנוּ תֶּן־לָנוּ הַיּוֹם:
וּסְלַח־לָנוּ אֶת־חוֹבוֹתֵינוּ כַּאֲשֶׁר סָלַ־
חְנוּ גַּם־אֲנַחְנוּ לְחַיָּבֵינוּ: וְאַל־תְּבִי־
אֵנוּ לִידֵי נִסָּיוֹן כִּי אִם־תְּחַלְּצֵנוּ
מֵרָע ((כִּי לְךָ הַמַּמְלָכָה וְהַגְּבוּרָה
וְהַתִּפְאֶרֶת לְעוֹלְמֵי עוֹלָמִים אָמֵן)):

(TO BE READ FROM RIGHT TO LEFT.)

The Lord's Prayer.

HINDI OR HINDUI.

(Hindustan or the upper Provinces of the Bengal Presidency.)

हे हमारे स्वर्गबासी पिता तेरा नाम पवित्र किया जाय. तेरा राज्य आवे तेरी इच्छा जैसे स्वर्ग में वैसे पृथिवी पर पूरी होय. हमारी दिनभरकी रोटी आज हमें दे. और जैसे हम अपने ऋणियोंको क्षमा करते हैं तैसे हमारे ऋणोंको क्षमा कर. और हमें परीक्षा में मत डाल परन्तु दुष्टसे बचा क्योंकि राज्य और पराक्रम और महिमा सदा तेरे हैं. आमीन।

The Lord's Prayer.

HINDUSTANI OR URDU.

(Generally Understood in all larger Towns of India.)

پس تم اسی طرح دعا مانگو کہ
اے ہمارے باپ جو آسمان پر ہی
تیرے نام کی تقدیس ہو تیری بادشاہت
آوے تیری مرضی جیسی آسمان
پر ہی زمین پر بھی پر آوے ہماری
روزینہ کی روٹی آج ہم کو بخش اور
جس طرح ہم اپنے قرضداروں کو بخشتے
ہیں تو اپنے دین ہم کو بخش دے اور
ہمیں آزمایش میں نہ ڈال بلکہ برائی
سے بچا کیونکہ بادشاہت اور قدرت اور
جلال ہمیشہ تیرے ہی ہیں آمین

(St. Matthew VI, 9, 13.—To be read from right to left.)

The Lord's Prayer.

HUNGARIAN-WENDISH.
(Hungary and Carniola.)

Molitva Gospodova.

Ocsa nas, ki szi vu nebészaj. Szvéti sze Imé Tvoje. Prídi Královsztvo Tvoje: bojdi vola Tvoja, kako je vu Nébi tak i na Zemli. Krüha nasega vszakdenésnyega dáj nam ga dnesz. I odpüszti nám dugé nase, kako i mi odpüscsamo du'zníkom nasim. I nevpelaj nász vu szküsávanye: nego oszlôbodi nészod hüdoga. Ár je tvoje Královsztvo, i môcs, i dika na veke. Amen.

The Lord's Prayer.

IBO.

(For the Ibos on the Banks of the Niger &c. Western Africa.)

Translated by Rev. John C. Taylor, Native Missionary.

Nna ayi nke bi na elugwe: Ahangi wo nsọ. Alà-ezengi obi ána. Me otuáhan ikwere nime igwe, ya worukwa otuáhan na ālà. Nye ayi nri kwáda. Biko hára ayi ndṣọayi nile, ma ayi ọdọk wa bagara nde nile nke ūgwọayi. Ekwena ayi ma na ọyan, biko wépo ayi na odṣo.

(ST. LUKE XI. 2-4.)

The Lord's Prayer.

ICELANDIC.
(ICELAND, NORTH ATLANTIC OCEAN.
UNDER DENMARC.)

Faðir vor.

Faðir vor, þú sem ert á himnum, helgist þitt nafn; Tilkomi þitt ríki; verði þinn vilji, svo á jörðu, sem á himni; Gef oss í dag vort daglegt brauð; Og fyrirgef oss vorar skuldir, svo sem vèr fyrirgefum vorum skuldunautum; Og leið oss ekki í freistni, heldur frelsa oss frá illu.

The Lord's Prayer.

ILLINOIS (Peouaria)-INDIAN.
(NORTH AMERICA.)

(As printed by Bodiani, in his Oratio Dominica, 1806. Probably the Version of Father James Gravier, S. J., Missionary from 1687 to 1706.)

Oussemiranghi kigigonghi epiane: Cousseta mourinikintcke kiouinsounemi. Kiteperinkiounemi piakitche. Kigigonghi kicou echiteheianiri nichinagatoui, akiskionghi napi nichinagouatetche. Acami ouapankiri eouiraouianghi kakieoue miriname. Kichiouinachiamingi ichi pounikiteroutakianki, rapigi pounikiteroutaouiname, kichiouinariranghi. Kiaheoueheoueghe toupinachianmekinke chincheouihiname. Mareouatoungountchi checouihiname. Vouintchiaha nichinagoka.

The Lord's Prayer.

IRISH.

Paidir an Tighearna.

Ár n-Atair a tá air neaṁ; go naoṁtar d' ainm; go d-tigid do rigeaċt; go n-déantar do toil air an talaṁ, mar gníotear air neaṁ. Tabair dúinn ann iud ar n-arán laeteaṁail; agus mait dúinn ar b-fiaca, mar ṁaiteamuid-ne d' ar b-fiacaṁnaid féin; agus na léig sinn a g-catugad; aċt saor sinn ó olc. Amen.

The Lord's Prayer.

ITALIAN.

Orazione dominicale.

(Translated by Giovanni Diodati.)

Padre nostro che sei nei cieli, sia santificato il tuo nome. Il tuo regno venga. La tua volontà sia fatta in terra come in cielo. Dacci oggi il nostro pane cotidiano. E rimettici i nostri debiti, come noi ancora li rimettiamo a' nostri debitori. E non indurci in tentazione, ma liberaci dal maligno; perciocchè tuo è il regno, e la potenza, e la gloria, in sempiterno. Amen.

The Lord's Prayer.

JAPANESE.

Translated by American Missionaries.

主の祈禱

馬太傳第六章九節より第十三節にいふ

天にます俺ら父よねがはくそ御名をあがめ
させたまへ御國をきたらせたまへ聖旨の天になる
ごとく地かにもなさせたまへ我ら乃日くてかゝぬ
食を今日もあたへたまへ我らに罪ありしそ
ものをゆるしごとく我らがつみをもゆるし
たまへ惡おとにゝさそはぜなほあしきよ里救
いだしたまへ國と權能と榮光は爾のものぞ
有たまふものなれば永くアーメン

98

The Lord's Prayer.

JAPANESE.

(Roman Type.)

Transliterated by
J. C. Hepburn, M. D., L. L. D.

Ten ni mashimasu warera no Chichi yo, negawaku wa mi na wo agamesase tamaye: mikuni wo kitarase tamaye: migokoro no ten ni naru gotoku chi ni mo nasase tamaye. Warera no nichi yō no kate wo kiyō mo ataye tamaye. Warera ni tsumi wo okasu mono wo waga yurusu gotoku, warera no tsumi wo mo yurushi tamaye. Warera wo kokoromi ni awasedzu, aku yori sukui-idashi tamaye. Kuni to chikara to sakaye wa nanji no kagiri naku tamochi tamau tokoro nari. Amen.

The Lord's Prayer.

JAVANESE.

(Island of Java, Dutch E. Indies.)

Translated for the use of Eight Million Javanese Natives.

The Lord's Prayer.

JOLOF.

(Gambia, West Africa.)

Translated for the Jolof tribe near Bathurst.

Sūnũ Bay bi cha ajana, Na sa tūr sela; Na sa ngūr dika; Lō buga na am chi sūf naka cha ajana; May ñu tēy sūnũ dūndu gir gu neka; Te baal ñu suñu i bakar, naka ñu baale ña nu tōñ; Te bu ñu bayi ñu tabi chi bulis, wande musal ñu chi lu bon.

The Lord's Prayer.

KAFFIR.

(Kaffraria, South Africa.)

Bawo wetu osemazulwini, malingcwaliswe igama lako. Mabuze ubukumkani bako. Makwenziwe ukutanda kwako nasemhlabeni njengokuba *kusenziwa* ezulwini. Sipe namhla isonka setu semihla ngemihla. Usixolele amatyala etu, njengokuba nati sibaxolela abo banamatyala kuti. Ungasingenisi ekuhendweni, sihlangule enkohlakalweni. Ngokuba bubobako ubukumkani, namandla, nozuko kuse kuwo amapakade.
    Amen.

The Lord's Prayer.

KENTISH DIALECT.

One of the English Idioms of 1340.

(From the MS. Arundel.)

Vader oure thet art ine hevenes.
Yhalyed by thi name,
Cominde thi riche,
Yworthe thi wil ase ine hevene and ine erthe.
Bread our eche dayes yef ous to day,
And vorlet ous ours yeldinges, ase and we vorleteth oure yelderes.
And ne ous lad nayt in to vondinge,
Ac vri ous uram queade.

The Lord's Prayer.

KURDISH.

(KURDISTAN, ASSYRIAN MOUNTAINS, BETWEEN PERSIA AND ASIATIC TURKEY.)

Kurmanjie Dialect.
(ROMAN TYPE.)

Ya bave ma, ko tu lu azmane, Nave ta pakuj buba. Hoonkaretea ta be. Hostuna ta buba, chawa ko lu azman, oosaje lu sar arde; Nane mae hame rojan ero ju mara buda. Oo daened ma ju mara barda, chawa ko amje bardudun ju daendared mara. Oo ma maba jarubandune le ma ju hurabec azabuka, chuma ko hoondkarete, oo kawat oo azat, ya taya abade. Amen.

The Lord's Prayer.

KUSAIEN.

(Strong Island, Micronesia, Pacific Ocean.)

Papa tumus s̃u in kosao, E'los oal payi. Togusaï lalos tuku. Orek ma nu fwalu, ou elos oru in kosao. Kite kit len si iñi ma kut moño misiñi. Ã nunok munas nu s̃es ke ma koluk las, oanu kut nunok munas sin met s̃u orek ma koluk nu s̃es. Ã tiu kol kit kut in mel, ã es kit la liki ma koluk. Tu togusaï lalos, ã ku, ã mwolanu, ma patpat. Amen.

The Lord's Prayer.

LAPLANDISH (Norwegian).
(QUÆNER AND LAPS IN NORWEGIAN-LAPLAND.)

Hærra rokkus.

Ac̄c̄e min, don gutte læk almin! Basotuvvus du namma; Bottus du rika; S̄addus du datto, moft almest, nuft maidai ædnam alde; Adde migjidi odna bæive min juokkebæivalas̄ laibbamek; Ja adde migjidi min velgidæmek andagassi, nuftgo migis addep min vælgolaȝaidasamek andagassi; Ja ale doalvo min gæc̄c̄alusa sisa, mutto bæste min bahast erit; dastgo du læ rika ja fabmo ja gudne agalas̄vutti, Amen.

The Lord's Prayer.

LAPLANDISH (Russian).

(Russian Lapland; One of the Northernmost Provinces of Europe.)

Минэ ачь, тон ку лях альмест! ань пазьхув тонэ нэм; Ань поат тонэ царство; тонэ валт ань лянч и іемне альн кохт альмест; Минэ тармьинч лейп апьт мійс тан пяйвас; И кудэ минэ вильгійт, кохт и мій куттеп вял глайдан; И іель выгъ миныйт ки хчлемушше, а песьт миныйт нюэ вест. Тэн-гуэйк што тонэ ли царство и сам и шур-нэм акь баяс.

Амин.

The Lord's Prayer.

LAPLANDISH (Swedish).

(LAPLAND, NORRBOTTEN AND VESTERBOTTEN, BEING THE NORTHERNMOST PART OF SWEDEN.)

Herran Råkkålwas.

Attje mian, kutte läh almen, ailesen sjaddus to namma. Påtus to rika; sjaddus to situd, ko almen, nåu ai ädnama nann. Wadde miji udne mia särt peiwasats laipew. Ja luoite miji mia laikoit andagas, nåu ko ai mi luoitep mia wälkolatjita. Ja ale sislaide miaw kättjalebmai; walla warjele miaw pahast. Jutte to lä rika, ja fabmo, ja härlogwuot, ekewen aikai. Amen.

The Lord's Prayer.

LATIN.

Pater noster.

(Translated by Theodori Bezæ.)

Pater noster, qui es in cœlis, sanctificetur nomen tuum. Adveniat regnum tuum; fiat voluntas tua, ut in cœlo, ita etiam in terra. Panem nostrum quotidianum da nobis hodie. Et remitte nobis debita nostra, sicut et nos remittimus debitoribus nostris. Et ne nos inducas in tentationem, sed libera nos ab illo improbo. Quia tuum est regnum, et potentia, et gloria, in secula. Amen.

The Lord's Prayer.

LETTISH.

(Baltic Provinces of Livonia and Courland, Russia.)

Muhsu Tehws.

Muhsu Tehws debbesis. Swehtihts lai tohp taws wahrds. Lai nahk tawa walstiba. Taws prahts lai noteek kà debbesis, tà arri wirs semmes. Muhsu deenischku maisi dohdi mums schodeen. Un peedohdi mums muhsu parahdus, kà arri mehs peedohdam saweem parahdneekeem. Un ne=eeweddi muhs eeksch kahrdinaschanas; bet atpesti muhs no ta launa. Jo tew peederr ta walstiba un tas spehks un tas gohds muhschigi. Amen.

The Lord's Prayer.

LIFUAN.

(Lifu, Loyalty Islands Melanesia, South Pacific Ocean.)

Tetetro i anganyihunieti e kohoti hnengödrai, jiniati e hmitöte la atesiwa i enëtilai. Jiniati a hlepëti la baselaia i enëtilai. Jiniati e longëtinejë la hanengë i enëtilai e celë fewatine axajanëti e kohoti hnengödrai. Nunua anganyihunieti pi la drai celëti la xötönëti ka ijiji anganyihunie. Zezelatinepi la nöjei jifelö i anganyihunieti, axajanëti la nöi anganyihunieti hna zezela angahaetrati pi lo hna jifelöti koi anganyihunie. The jötëti sai nyihunieti kowëti la itupath, ngo jiniati jötëti enëtilai a hulengë nyihunieti pi celëti ngöne la jifelö, celanëti laka ula i enëtilai la baselaia, meminëti la men, meminëti la lolo, epinëti palua. Amen.

The Lord's Prayer.

LITHUANIAN.
(Lithuania, North Poland, Russia.)

Tēwe musû.

Tēwe musû, kurs essi danguje. T'essie szwenczamas tawo wardas. Te ateinie tawo karalyste. Te nusidūdie tawo wale kaip danguje, taip ir ant żémês; Dúną musû dienißką dúk mums ir szę dieną; Ir atleisk mums musû kaltes, kaip mes atléidżam sawo kaltiemus; · Ir ne wesk mus į pagundima; bet gélbēk mus nū pikto. Nēsa tawo yra karalyste, ir macis, ir garbe ikki ámżû. Amen.

The Lord's Prayer.

MACASSAR.

(Island of Celebes, Dutch E. Indies.)

The Lord's Prayer.

MAGYAR OR HUNGARIAN.

Molitva Goszpodova.

(Translated by Károli Gáspár.)

Mi Atyánk, ki vagy a menynyekben, szenteltessék meg a te neved. Jöjjön el a te országod: legyen meg a te akaratod, mint a mennyben, *ugy* itt e földön is. A mi mindennapi kenyerünket, add meg nékünk ma. És bocsásd meg a mi vétkeinket, miképen mi is megbocsátunk azoknak, a kik mi ellenünk vétkeztek. És ne vigy minket a kisértetbe; de szabadits meg minket a gonosztól. Mert tiéd az ország, és a hatalom, és a dicsöség, mind örökké. Ámen.

The Lord's Prayer.

MALAGASY.

(MADAGASCAR, INDIAN OCEAN.)

Rainay, Izay any an-danitra, Hasino ny anaranao. Ampandrosoy ny fanjakanao. Ataovy ny sitra-ponao aty an-tany, tahaky ny any an-danitra. Omeo anay isan' andro izay hanina sahaza ho anay. Ary mamelà ny helokay; fa izahay kosa mamela izay rehetra mitrosa aminay. Ary aza mitarika anay ho amy ny fakampanahy, fa manafaha anay amy ny ratsy.

(ST. LUEK XI. 2-4.)

The Lord's Prayer.

MALAY.
(Roman Type.)
(Malay Peninsula, Coast of Sumatra and Java; also in several islands of the E. Indian Archipelago.)

Bapa kami.

Bapa kami yang ada dishorga, tŭrmulialah *kiranya* namamu. Luaslah *kiranya* krajaanmu, kahandakmu bŭrlakulah diatas bumi ini, sapŭrti dalam shorga. Brilah *kiranya* akan kami, pada hari ini rizki yang chukop. Dan ampunilah *kiranya* sagala salah kami, sapŭrti kami mŭngampuni kŭsalahan orang lain pada kami. Maka janganlah *kiranya* masokkan kami kapada pŭrchobaan, mŭlainkan lŭpaskanlah kami deripada yang jahat, kŭrna angkaulah yang ampunya krajaan, dan kuasa, dan kamulian, pada slama lamanya. Amin.

The Lord's Prayer.

MALAYALAM.

(TRAVANCORE AND MALABAR, SOUTHERN INDIA.)

Translated for the use of Three Million Natives.

ഞങ്ങളുടെ സ്വർഗ്ഗസ്ഥനായ പിതാവേ, നിന്റെ നാമം പരിശുദ്ധമാക്കപ്പെടേണമെ. നിന്റെ രാജ്യം വരേണമേ, സ്വർഗ്ഗത്തിലെ പോലെ ഭൂമിയിലും നിന്റെ ഇഷ്ടം പെയ്യപ്പെടേണ്ണമെ. ഞങ്ങളുടെ ദിനംപ്രതിയുള്ള അപ്പം ഇന്ന ഞങ്ങൾക്കു തരേണമെ. ഞങ്ങളുടെ നേരെ കുറ്റം ചെയ്യുന്നവരോട ഞങ്ങൾ ക്ഷമിക്കുന്നതപോലെ, ഞങ്ങൂടെ കുറ്റങ്ങളെ ഞങ്ങളോടു ക്ഷമിക്കേണമെ. ഞങ്ങളെ പരീക്ഷയിലേക്ക അകപ്പെടുത്താതെ, ഞങ്ങളെ ദോഷത്തിൽനിന്ന രക്ഷിക്കയും ചെയ്യണമെ, രാജ്യവും ശക്തിയും മഹത്വും എന്നേക്കും നിനക്കുള്ളതല്ലൊ ആകുന്നത. അമെൻ.

The Lord's Prayer.

MALISEET-INDIAN.*

(NEW BRUNSWICK, BRITISH AMERICA.)

Translated by Rev. Silas T. Rand.

N'mitóksunu, spumkík éyun; ämi-sutçeswiktäsitç kuuísmun: kint çemuswútim pukutçíhutç; Kuulíduhsdumwägun ulíhatç uskitkumikw stuké elíhak spúmkik. Pemkískak mil inetuskis-kakígewé n'tubénumun; Ha linheltumuíne nutçs msgun-úmuul stuké nílun eliuneltum-uu-úgutt&nik wetçanmuinmutçik: Ha musák lip híkek &silus-duuägun íkuk; Kénuk utçi-samslíne laku mik-suókun íkuk. 'Fbutçul kuukin-tçemusewskím, ha ku tupeltum-usgunúm; ha kuuki-tçitum ituhádum-uuägun, áskumiuu.

'Amen.

(* "Etchemins" BY THE FRENCH.)

The Lord's Prayer.

MAORI.

(New Zealand, Australasia.)

E to matou Matua.

E to matou Matua i te rangi, Kia tapu tou ingoa. Kia tae mai tou rangatiratanga. Kia meatia tau e pai ai ki runga ki te whenua, kia rite ano ki to te rangi. Homai ki a matou aianei he taro ma matou mo tenei ra. Murua o matou hara, me matou hoki e muru nei i o te hunga e hara ana ki a matou. Aua hoki matou e kawea kia whakawaia; engari whakaorangia matou i te kino: Nou hoki te rangatiratanga, te kaha, me te kororia, ake ake ake. Amine.

The Lord's Prayer.

MARATHI.

(Central Part of the Bombay Presidency, and Hyderabad or Nizam, India.)

For the use of Fifteen Million Marathi Speaking Natives.

हे आमच्या आकाशांतील बापा, तुझें नाम पवित्र मानिलें जावें, तुझें राज्य यावें. जशी आकाशांत तशी पृथ्वीवरहि तुझी इच्छा चालू व्हावी. आमचें प्रतिदिवसाचें अन्न आज आह्मास दे. आणि जसें अह्मी आपल्या ऋणयांस सोडितों, तसें तूं आमचीं ऋणें आह्मास सोड. आणि आह्मास परिक्षेच्या अवस्थेंत नेऊं नये, परंतु आह्मास दुष्टापासून सोडीव; कारण कीं राज्य, आणि सामर्थ्य, आणि गौरव, हीं सर्वकाळ तुझीं आहेत; आमेन.

The Lord's Prayer.

MARÉ OR NENGONESE.

(Loyalty Islands, Melanesia, South Pacific Ocean.)

Cecewangoiehnij' ile ri awe ke! Hmijocengo ko re acekiwangoieni buango. Wieni me ashedonilu o re baselaia ni buango. Ilewatonelo o re alatone ni buango omewaore ri tene thu ekowe ne il' omewaloi ri aw. Nunuo xehnije ri ran' omewaor' o re kodaru me kue ehnij. Ka nuetonebot' o re tero ehnij, se inomewaore ke ehnije ci nueto buicengo bot' o re ci nia xehnij. Ka hage lenge te xehnije jeu' o re tubunid, wieni co thedito xehnije bote siwa ri tero, wen' o re sei buango ko re baselaia, ne ile ko re nen, ne ile ko re neren, ca e iara nge waoirungo ko. Amen.

The Lord's Prayer.

MARSHALL ISLANDS.

(Micronesia, Pacific Ocean.)

(Translation of 1875.)

Jememuij i lon, en kwojarjar etom. En itok am ailin. Jen komonmon ankil am i lol enwot dri lon. Ranin, letok non kim kijim ranin: Im jolok amuij jerawiwi, enwot kimuïj jolok an armij jerawiwi jen kim. Iim jab tellok non mon, ak drebij kim jen nana. Bwe am ailin, im kajur, im wijtak in drio. Amen.

The Lord's Prayer.

MARQUESAN.

(Marquesan Archipelago, Pacific Ocean.)

E to matoa Matua iuna i te aki, ia hamitaiia to oe inoa: Ia tuku mai to oe basileia; Ia hakaokohia to oe makemake i te henua nei me ia i hakaokoia i te aki iuna; a tuku mai i te kaikai no matou i te nei mau a. A haka oe i ta matou pio, me matou e haka aku i ta telahi pio ia matou nei: auwe oe tilii ia matou ia oohia matou i te pio: A hoopahue ia matou ko oe te basileia e ta mana e ta hanohano i te mau pokoehu atoa kakoe e pato. Amene.

The Lord's Prayer.

MASSACHUSETTS-INDIAN.

(Massachusetts Bay, N. America.)

From Elliot's version of the Bible, Second Edition 1685.

Nooshun kesukqut: Quttianatamunach koowesuonk. Peyaumooutch kukketassootamóonk. Kuttenantamóonk ne n nach ohkeït neäne kesukqut. Nummeetsuöngash asekêsukokish assamaïnnean yeuyeu kesukok. Kah ahquoäntamaiïnnean nummatcheseongash, neane matchenehukqueagig nutahquontamóunnonog. Ahque sagkompagunaiïnnean en qutchhuaonganit. Webe pohquohwussinnean wutch matchitut. Newutche kutahtauun ketassootamóonk, kah menuhkesuonk, kah sohsumóonk, micheme. Amen.

The Lord's Prayer.

MENDE.

(MENDE TRIBE NEAR SIERRA LEONE. WESTERN COAST OF AFRICA.)

Mu Kẹ́i na ngẹ̄lẹ̄gō̱hū; Pẹ̄ ti bi̍ bijẹ́i hō̱u mbẹ̄lẹ̄ hō̱u. Pẹ̄ bi gēnyẹ́i i wa. Pẹ̄ bi līma hindẹ́i i wẹ̄ ndō̱lòi̍ hū, kina a wẹ̄lẹ̄ la ngẹ̄lẹ̄-gō̱hū. Mu go a fō̱lō̱i ji a mu mẹ̄hāni ku gbi ma, Kẹ̄ bi mānu mu ma a mu hinda nyāmu̍ sia, kina ma mānu nāsia ma, ta hinda nyāmu wẹ̄ amuẹ̄. Kẹ̄ bā pẹ̄ mu li hū̍go hū; kẹ̄ mu gbīa hinda nyāmu-mo yẹ̄ ya, ji va kẹ̄nyẹ́i bi wō̱ lo, kẹ̄ kpāyẹ́i̍, kẹ̄ tō̱woi, kūnafo. Amin.

The Lord's Prayer.

MENOMONI-INDIAN.

(North America.)

Rev. Fl. I. Bonduel, in Shea's "Hist. of Cath. Missions."

Nhonninaw kishiko epian. Nhanshtchiaw kaietchwitchikatęk ki wishwan. Nhanshtchiaw katpimakat kit okimanwin. Enenitaman nhanshtchiaw kateshekin, tipanes kishiko hakihi θe min. Mishiamé ioppi kishiχa nin pakishiχaniminaw eniko eweia θanenon kaieshiχa. Ponikitetawiame min ka eshishnekihikeian, esh ponikitetawakiθwa ka ishishnekihiameθwa. Pon inishiashiame ka kishtipeniθwane. Miakonamanwiame θe meti. Nhanshenikateshekin.

The Lord's Prayer.

MICMAC-INDIAN.

(NOVA SCOTIA. BRITISH AMERICA.)

Translated by Rev. Silas T. Rand.

Noochenĕn' tan wasōk ā'ŭmŭn, ŭkwesoonŭm nĭkskamāwadāsĭch: Uktĕlegāwĭtāwoodĭmegaach: kooledādāk'ŭnŭm tŭleach' mākŭmegĕk' stŭgāch' tĕleâk' wasōk; Tāsegĭskŭgāwā' 'npĭbŭnŏkŭnŭmenĕn' keskookĭgŭnŭmooĭn. Ak tŭleabĭksĭktŭmooĭn 'nĭĕtădĭmkāwāŭmenŭl' stŭgāch' nen ĕn' tĕleabĭksĭktâk'ŭjĭk tanĭk tĕtooenāmŭjĭk. Ak moo ŭktŭlalĭn, kwĕjaldĭmkāwā' ĭktŏŏk; kadoo ootalkalĭn wĭnsoodĭktŏŏgŭ. [Mŭdŭ keel wĕdălegămĭn ĕlegāwage, ak mŭlgĭgŭmode, ak ŭkpŭmedādākŭn, yăpchoo, Amen]

The Lord's Prayer.

MOHAWK-INDIAN.

(North America.)

One of the Principal Languages of the Iroquois-Indian Confederacy.

(Capt. Brant's Translation.)

Songwaniha ne Karonghyàge tighsìderon, Wasaghseanadogeaghtine; Sayanertsera ìewe; Taghserreèghniàwan tsinìyoughtKaronghyàgouh, oni Oghwentsyàge: Niyadewighniseràge Takwanadaranondaghsik nonwa; Neoni Tondakwarighwiyoughstouh, tsinìyught oni Tsyakwadaderighwiyoughsteàni; Neoni toghsa takwaghsarìneght Dewaddatdenakeraghtònke; nesàne sadsyadakwaghs ne Kondighseròheanse; ikea Sayanertsera ne na-ah, neoni ne Kaeshatste, neoni ne Onweseaghtak ne tsiniyeheàwe neoni tsiniyeheàwe. Amen.

The Lord's Prayer.

MONDARI.

Translated for the Koles of Chota, Nagpore, India.

हे अबेआ सिर्मा-रेन अब्बा अमा नुतुम पबिचोआ। अमा राज्य हिजुका। चिबेका सिर्मारे एनबेआ ओतेरेओ अमा मोनेबेका होबाओआ। अबेआ सिंगीबुड़ारेआ जोमेआ तिसिंग अबेके गमाबेम। आड़ो चिबेका अबेआ पापकेनको क्षमाकोतनाबे एनबेआ अबेआ पाप क्षमाएमे। आड़ो बिड़ाब्रे अबोम उयःबेआ बतिकम एतबानीग्ते बन्चाब्वेमे। [चिअचि राज्य आड़ो पेड़े आड़ो मह्हातम सोबेन दिपली अमागेआ आमीन]॥

The Lord's Prayer.

MORTLOCK.

(Mortlock, Caroline Islands, Micronesia, Pacific Ocean.)

Jam at mi nono la*n*. It om pue fel. Mueu om pue puanua ta. Letip om pue fefer fanufan ojon *r*ek la*n*. En ti*n*a to an at mo*n*a ikana. Amusa jo*n*ai kit at tipij ojon *r*ek kit ja ken amusa la monison mi feri i*n*au *n*anai kit. O te moanana la kit ren mi atupu kana, a ti jo*n*ai kit mi i*n*au; pue mueu om e*r*ek mueu, o uo*n*am, o li*n*, failfail la *r*ek. Amen.

The Lord's Prayer.

MPONGWE.

(Gaboon, West Africa.)

(Translated by American Missionaries.)

Reri yazyo yi re g'orowa, ini nyâ nyi ga loanl' orunda; Inlângâ nyâ nyo ga ṽie; ntândinli yâ yo ga yanjo go ntye ga nte dendo yo g'orowa. Va zue inya si keka zue nlĕnlâ winlâ. Nyeza zue inuani sazyo, ga nte nyeza zue mângi wi nuana zue. Aroanla zue gw'is-yârio, ndo romba zue avila gw'ibe. Kânde ipanginla, nli ngulu, nl'i-venda iyâ egombe zodu. Amĕn.

The Lord's Prayer.

MUSKOKEE-INDIAN.
(North America.)

Purke Hvlwe liketskat, ce hocef kvt vcakekvs. Ceme Tvlofvt alvkekvs. Mimv Hvlwe nake kometske momat, etvpomen yvmv ekvnvn oh momekvs. Nettv omvlkv tvklike oceyate omen mucv nettvn pu'mvs. Momet nake cem mvtteciceyan pun kvpvyecicvs, nake pum mvttecicakat en kvpvyeciceyat etvpomen. Naorketv pu yace tetayat 'sep oh ahyetskvs; momis holwakat a 'sepu'ssicvs. Ohmekketvt cenakets; momen yekcetvt cenakets; momen rakket cenake emunkvt omekv. Emen.

The Lord's Prayer.

NEPALESE.

(Kingdom of Nepal, Himalaya, India.)

हे हामिहरु का स्वर्गिय पिता तपाञि का नाउँ को मान हवस् तिम्रो राज्य आवस् जस्तै स्वर्ग मा तस्तै पृथिवी मा पनि तिम्रो इच्छा हवस्। हामि हरुलाइ चाहिन्या रोटी दिनै पिछ्यो दिनु हवस्र। हामिहरु का पाप माफ् गर्नु हवस् क्यान जुन् हामिहरु का आसामीछन् हामिहरु पनि उन्हेरुलाइमाफ् गर्दैछौर हामिहरुलाइ परिक्षा मा न लैजानु तर दुष्ट चाँहि देखि वचाउनु हवस्।

(LUKE XI-2-4.)

The Lord's Prayer.

NEZ PERCES - INDIAN.

(NORTH AMERICA.)

(Rev. H. H. Spalding's translation.)

Nunim Pisht Aishniwashpa imim wanikt hautnin Kam watu. Imim miohatoit ki anashapautsasham, Imim Kutki anashapautsam uyikashliph Ka Kush aishniwashpa, hikutanih. Taks lahaipa hipt natsnim taksain. Nuna wasatiai nashwaunim Ka Kush nun titokana wasatiai awaunaitanih. Wat mat anashtahinawiyukum nuna, matu taklai nuna shapakapshishwiatupkinih natsnahwuinukum: Imim awam inakanikt, imim awam Kapskapsnawit imim awam siskeiwit Kunku. Amen.

The Lord's Prayer.

NGUNESE.

(Several Islands, of the New Hebrides, Melanesia, S. Pacific Ocean.)

Mamaginami waina ku toko nakoroatelagi toko, Nagisama ega tapu. Namarakiana anigo ega umai. Namasauana anigo euga mari a maramana, ega takiusi waina eu to mari a nakoroatelagi. P̃a tua gami masoso te navinaga waina e p̃ia kinami. Go p̃a maginami mitoakikorokoro naleo maga waina e one gami one, ega takiusi waina kinami ma au po magi tea maga waina naleo aginami e one ara one, au po mareara mitoakikoroḳoro e. Go p̃a ta piragi gami paki nasuruweana mau, ma p̃a volua gami kitea sa.

The Lord's Prayer.

NIUEAN.

(NIUE OR SAVAGE ISLAND, POLYNESIA, SOUTH PACIFIC OCEAN.)

Ha mautolu a Matua.

Ha mautolu a Matua na e, ha ha he lagi, kia tapu hau a higoa. Kia hoko mai hau a kautu. Kia eke hau a finagalo ke he lalolagi, tuga *ne eke* ke he lagi. Kia foaki mai e koe ke he aho nai ha mautolu a tau mena kai, ke lata ke he aho taha. Kia fakamagalo e koe kia mautolu ha mautolu a tau hala, tuga a mautolu ne fakamagalo atu kia lautolu ne eke fakakelea mai kia mautolu. Aua neke uta e koe a mautolu ke he kamatamata, ka e laveaki mai a e koe a mautolu he mena kelea. Ha ko e mena ha ha ia koe e kautu, mo e malolo, katoa mo e fakahekeaga tukulagi. Amene.

The Lord's Prayer.

NORTHUMBRIAN.

One of the Leading Dialects of Ancient England.

(Transmitted by John M. Kemble, M. A. of Trinity College, Cambridge, from the Bodleian Manuscripts.)

Fader ure þu þe ert on heofene, Sye þin name gehalged. To-becume þin rice. Gewurðe þin gewille on eorðan, swa swa on heofenan. Ure dayghwamlice hlaf syle us to dayg. And forgyf us ure geltas, swa swa we forgyfeð ure geltenden. And ne læd þu us on costnunge, ac ales us of yfele: Soðlice.

The Lord's Prayer.

OJIBWA-INDIAN OR CHIPPEWA.

(NORTH AMERICA.)

Nosinan ishpimi̱ eaivn, mano tvkijituauenjigade iu kidizhinikazouin. Kitogimauiuiu tvpitvguishinomvgvt; enendvmvn tvizhiuebvt oma aki̱, tibishko iuidi ishpimi̱. Mizhishinam sv nongum gizhigvk iu gemijiia̱. Gaie uebinamauishinam iniu nimbataizhiuebiziuininanin, ezhiuebinamauvidua igiu mejitotauiividjig. Gaie kego vniizhiuizhishika̱en ima gvguetibenintiuini̱; mitaguenishinam dvsh uin onji ima mvjiaiiiuishi̱: kin ma kitibendan iu ogimauiuin, gaie iu gv shkieuiziuin, gaie bishigendaguziuin, kakinik apine go kakinik. Amen.

The Lord's Prayer.

ORIYA OR URIYA.

(Province of Orissa, India.)

Translated for the use of Four to Five Million Natives of Orissa.

ଏମନ୍ତେ ଏହି ପ୍ରକାରେ ପ୍ରାର୍ଥନା କର । ହେ ଆମ୍ଭମାନଙ୍କର ସ୍ୱର୍ଗସ୍ଥ ପିତା, ତୁମ୍ଭର ନାମର ପୂଜା ହେଉ । ତୁମ୍ଭର ରାଜ୍ୟ ଆସୁ । ଯେରୂପେ ସ୍ୱର୍ଗରେ ସେରୂପେ ପୃଥିବୀରେ ତୁମ୍ଭର ଇଚ୍ଛା ସଫଳ ହେଉ । ଆଜି ଆମ୍ଭମାନଙ୍କର ଦିନ୍ୟଭକ୍ଷ୍ୟ ଦିଅ । ଆମ୍ଭେମାନେ ନିଜ ଅପରାଧୀମାନଙ୍କୁ ଯେମନ୍ତ କ୍ଷମା କରୁ, ତେମନ୍ତ ଆମ୍ଭମାନଙ୍କର ଅପରାଧ କ୍ଷମା କର । ପରୀକ୍ଷାରେ ଆମ୍ଭମାନଙ୍କୁ ନ ଆଣ, ପୁଣି ଦୁଷ୍ଟଠାରୁ ରକ୍ଷା କର; [ଯେଣୁ ରାଜତ୍ୱ, ଗୌରବ, ପରାକ୍ରମ ସଦାସର୍ବଦା ତୁମ୍ଭର । ଆମେନ୍ ।]

The Lord's Prayer.

OTTAWA-INDIAN.

(INDIAN TERRITORY, N. AMERICA.)

Translated by Jotham Meeker, Revised by Rev. Francis Barker. 1841.

Nosina ushpĭmĭng eiaiun : Kechĭ-upitentakwuk ketĭshĭnikasowĭn. Ki-tokimeowĭn tukwĭshĭnomukut. Mano kitinentumowĭn mantupi ukĭng mi keĭshiwepuk tĭpĭshko kitinentumoᴏᴏĭn ushpĭmĭng eshipuk. Mishĭshĭnang nongo kishĭkat entusŏ kishĭkuk eshiw-isĭniang. Minuwishawenĭmishĭnang ka-muchĭtotumangĭn, eshi minuwish-awenĭmungĭtwa me'chĭtotuwiumĭng-ĭshĭk. Kuie keko ishiwĭshĭshkange kukwechiĭtewĭnĭng. Akonishĭnang chĭwipwa muchĭĭshĭchikeang. Kin ma kitĭpentan okimaowin, kuie iwĭ kushkiewĭsiwĭn, kuie iwĭ pĭshĭkenta-kosiwĭn. Kakĭnĭk. Emen.

The Lord's Prayer.

PERSIAN.

(PERSIA PROPER AND DIFFERENT PARTS OF INDIA.)

Translation Revised by
Rev. Robert Bruce, D. D.

پس برین طور شما دعا کنید ای پدر ما که در آسمانی نام تو مقدس باد ۵ ملکوت تو بیاید اراده تو چنانکه در آسمان است بر زمین نیز کرده شود ۵ نان کفاف ما را امروز بما بده ۵ و قرضهای ما را ببخش چنانکه ما نیز قرضداران خود را می بخشیم ۵ و ما را در آزمایش میاور بلکه از شریر ما را رهائی ده زیرا ملکوت و قدرت و جلال تا ابدالاباد از آن تست آمین

(ST. MATTHEW VI, 9, 13.---TO BE READ FROM RIGHT TO LEFT.)

The Lord's Prayer.

PIEDMONTESE.

(Piedmont, North Italy.)

Nost Pare.

Nost Pare chë të seus al ciel, to nom a sia santificà. To regno a vena, toua voulountà a sia faita sù la terra coum al ciel. Da-ne ëncheui nost pan coutidian. E përdoune-ne i nostri debit, coum noui i përdounouma a coui ch'a l han ouffendù-ne. E lassë-ne nen toumbé ën tentassioun; ma liberë-ne d'ogni mal. Përché a l è a ti. ch'a aparten 'l regno, e la poutensa, e la gloria për sempre. Amen.

The Lord's Prayer.

POLISH.

Modlitwa Pańska.

Ojcze nasz, któryś jest w niebiesiech! Święć się imię twoje;

Przyjdź królestwo twoje; bądź wola twoja jako w niebie, tak i na ziemi.

Chleba naszego powszedniego daj nam dzisiaj.

I odpuść nam nasze winy, jako i my odpuszczamy naszym winowajcom;

I nie wwódź nas na pokuszenie, ale nas zbaw ode złego; albowiem twoje jest królestwo i moc i chwała na wieki. Amen.

The Lord's Prayer.

PONAPE.

(Ascension Island, Micronesia, Pacific Ocean.)

Jam at me kotikot nala*n*, Mmar omui en jaraui ta, Mue i omui en puai ta. Kupur omui en uiaui jappa tue nala*n*. En kaukaule kijakija kit. Lapua jo*n* kit tip at; pue kit kin pil lapua ta karoj ar jo kapo*n* o*n* kit. Eter kare o*n* kit en jo*n*ojo*n*; a en kapita jo*n* kit ni me juit.

(St. Luke XI. 2-4.)

The Lord's Prayer.

PORTUGUESE.

Pai nosso.

Pai nosso, que estás nos Ceos, santificado seja o teu Nome, venha o teu Reino, seja feita a tua vontade, como no Ceo, assim na terra. O pão nosso de cada dia nos dá hoje. E perdoa-nos as nossas dividas, como nós tambem perdoamos aos nossos devedores. E não nos conduzas na tentação, mas livra-nos do mal: porque teu é o Reino, e a potencia, e a gloria, para todo sempre. Amen.

The Lord's Prayer.

POTAWATOMI-INDIAN.

(North America.)

From Lykins's version of St. Matthew
1844.

Nos'nan eïn shpumuk kishkok: Ketchnentaqut k'tishnukasœun. Ktokumau'œun kupiémkit. Notchma ktenentumœun knomkit shotĭ kik, ketchœa shpumuk kishkok. Mishĭnak otĭ n'kom ekish'kiœuk etso kishkuk, eshœisĭniak. Ipi ponentumœishnak mĭsnukĭnanĭn ninanke eshponenmukĭt meshitot'moiïmit, mesnumoiumkeshiïk. Ipi keko shonĭshikak ketshĭ qu'tchĭtipeumukoiak. Otapĭnĭsh'nak tchaiek meanuk. Kin ktupentan okumauœun, ipi k'shke-eœosuœun, ipi iœ k'tchĭnentaq'suœĭn, kakuk. Emen.

The Lord's Prayer.

PUNJABI OR PANJABI.

(Province of the Punjab, Northern India.)

Translated for the use of Ten Million Punjabi Speaking Natives.

ਕਿ ਹੇ ਅਸਾਡੇ ਪਿਤਾ ਜੋ ਸੁਰਗ ਵਿੱਚ ਹੈਂ, ਤੇਰਾ ਨਾਉਂ ਪਵਿਤ੍ਰ ਰੱਖਿਆ ਜਾ ਵੇ; ਤੇਰਾ ਰਾਜ ਆਵੇ; ਤੇਰੀ ਇੱਛਿਆ ਜਿਜੋ ਸੁਰਗ ਵਿੱਚ ਹੈ ਤਿਹੀ ਧਰਤੀਪੁਰ ਬੀ ਕੀਤੀ ਜਾਵੇ; ਸਾਡੀ ਗੁਜਰ ਲਾਇਕ ਭੋਜਨ ਅੱਜ ਸਾ ਨੂੰ ਦਿਹ; ਅਰ ਜਿਸ ਪਰਕਾਰ ਅਸੀਂ ਆਪਲੇ ਕਰਜਾਈਆਂ ਨੂੰ ਮਾਫ ਕਰਦਿਹਾਂ, ਤਿਸੀ ਪਰਕਾਰ ਤੂੰ ਸਾਡੇ ਕਰਜ ਸਾ ਨੂੰ ਮਾਫ ਕਰ; ਅਰ ਸਾ ਨੂੰ ਪਰਤਾਵੇ ਵਿੱਚ ਨਾ ਸਿੱਟ, ਬਲਕ ਬੁਰਿਆਈ ਤੇ ਬਚਾਉ; ਕਿਉਂਕਿ ਰਾਜ, ਅਰ ਬਲ, ਅਰ ਪਰਤਾਪ, ਸਦੀਪਕਾਲ ਤੇਰਾ ਹੈ। ਆਮੀਂ।

The Lord's Prayer.

QĀGŪTL-INDIAN, or QUOQUOLS Language.

(VANCOUVER'S ISLAND, NORTH WEST AMERICA).

Kunts Umpa.

(Translated by Rev. A. J. Hall of Fort Rupert.)

KUNTS UMPA, lāḵā īkē māya-untla yhīs glikum ūs. Kī-nāqilā lā yhī da tlāwhila nū ḵūs, nā nā-kīgī sū lā yhīs naukā yūs lāḵ ga banīk awīnāqīs, hi qīx ī nānā-kīga yātlā īnāyāki lāḵā īkē awīnāqīs. Zawlā gāḵunūh whā ḵwā nālaḵ sunūh bēmāya ḵōḵ nīnālāḵ. Qāla ūḵīlā ḵunūh yēkīnā-yāḵ gānūh lēhkīs āḵīlāḵ yēkīnāya sayāksāmī gāḵunūh; Qāla ēkstū-sunūh lāḵā tlāla-īkulē sa yāksāmī, au-um a qāqilā gāḵunūh lāḵā yāksāmī.

The Lord's Prayer.

REVAL-ESTHONIAN.

(North Part of the Baltic Province Esthonia, Russia.)

Meie Issa.

Meie Issa, kes sa olled taewas, pühhitsetud sago sinno nimmi. Sinno riik tulgo, sinno tahtminne sündko kui taewas nenda ka ma peäl. Meie iggapäwane leib anna meile tännapääw. Ja anna andeks meile meie wöllad, kui ka meie andeks anname omma wölglastele. Ja ärra sada meid mitte kiusatusse sisse, waid peästa meid ärra kurjast: sest sinno pärralt on riik, ja wäggi, ja au iggaweste, Amen.

The Lord's Prayer.

ROMANESE (Oberland).*
(Grison or Graubünden, Switzerland.)

Bab Noss.

Bab noss, il qual eis enten tschiel, sontg vegni fatg tiu num. Tiu reginavel vegni noutiers. Tia veglia daventi, sco enten tschiel, aschi er sin terra. Niess paun da minchagi dai á nus oz. A nus pardune noss puccaus, sco nus pardunein á noss culponts. A nus manar buc en amprovament, mo nus spindre dil mal. Parchei ca tiu eis il reginavel a la pussonza a la gliergia á semper. Amen.

(* Churwelsch by the Germans.)

The Lord's Prayer.

ROMANESE (Lower Enghadine).

(Canton Graubünden Switzerland.)

Bap Nos.

Bap nos, chi *est* nels tschels; fat sanct vegna teis nom; Teis reginam vegna nan pro; tia vöglia dvainta, sco in tschel, usche eir in terra. Nos pan d'iminchadi dâ a nus hoz. E perduna 'ns noss debits, sco eir nus *ils* perdunain a noss debitadurs. E non ans manar in provamaint, ma spendra 'ns dal mal; perche teis ais il reginam, e la pussanza, e la gloria, in eterno. Amen.

The Lord's Prayer.

ROUMANIAN.

(Cyrillian Type.)
(Roumania, or Moldavia and Wallachia, also part of Transylvania.)

Пъріптеле постру, кареле ешї ін черїврї, скнцеаскъ-се нумеле теу; Віъ ӂшпъръціа та; Фіе воіа та, прекумъ ӂп черіу, ші пе пъмінтӳ; Пънеа поастръ чеа de тоате zілеле dъ-ni-о астъ-zі. Ші ni іеартъ dъторіеле поастре, пре кумъ ші ноі іертъмӳ dъторnічіlopӳ поctpі; Ші nу ne dуче ӂn іспітъ: чі ne скапъ de челу ръу; Къ а та есте ӂмпъръціаті путереа ші мърірea ӂn етернӳ. Aminӳ.

The Lord's Prayer.

RUSSIAN.
(Russian Empire in Europe and Asia.)

МОЛИТВА ГОСПОДНЯ.

Отче нашъ, сущій на небесахъ! да святится имя Твое; да пріидетъ царствіе Твое; да будетъ воля Твоя, и на землѣ, какъ на небѣ; хлѣбъ нашъ насущный дай намъ на сей день; и прости намъ долги наши, какъ и мы прощаемъ должникамъ нашимъ; и не предай насъ искушенію, но избавь насъ отъ лукаваго. Ибо Твое есть царство, и сила, и слава во вѣки. Аминь.

The Lord's Prayer.

RUTHENIAN.

(Austrian Province of Galicia and Bukowina, on the Slope of the Carpathian Mountains, N. E. of Hungary.)

Молитва Господня.

Отче́ наш що на небі! Неха́й святи́ться имя́ твоє́. Неха́й прийде ца́рство твоє́. Неха́й бу́де во́ля твоя́, як на не́бі, так и на землі́. Хліб наш щоде́нний дай нам сёго́дні. И прости́ нам довги́ на́ші, як и ми проща́емо довжника́м на́шим. И не введи́ нас у споку́су, а изба́ви нас од лука́вого. Бо твоє́ есть ца́рство и си́ла, и сла́ва по віки. Амінь.

The Lord's Prayer.

SAMOGITIAN.

(WILNA IN LITHUANIA, RUSSIAN POLAND.)

Téwe musu.

Téwe musu, kursai essi danguje. Szwęskis wardas tawo.
Ateik Karalijste tawo. Buk wale tawo, kaip danguj' taip ir ant żémês.
Dŭnos musu wissŭ dienŭ (dŭną musu dieniszką) dŭk mums szędien.
Ir atłéisk mums musu kałtes, kaip ir mes atłéidżem sawiemus kaltiemus.
Ir ne wesk mus ing pagundima, bet gélbek, mus nŭg wisso pikto; nes tawo ira Karálijste ir galijbe (ir macis) ir szłówe ant amżiu, Amen.

The Lord's Prayer.

SANGUIRESE.

(SANGIR ISLANDS, BETWEEN CELEBES AND THE PHILLIPPINES, DUTCH E. INDIES.)

Translated by F. Kelling.

O Iamang i kami, ko ene suralungu Sorga! Arengu iapakasusi. Karadjaangu dentako wue. Kapulunu kariadie, kereapang suralungu Sorga, kerene lai suwowong bumi. Kang i kami ĕlo-ĕlo, onggoe si kami sentinia elō. Dan ampungete patiku dosang i kami: karna lai i kami mangonggo u ampung su patiku taumata ko nēsalage si kami. Dan kumbahan mangaha i kami su sasaluka, kaiso liuko i kami bou daralai ene.

(ST. LUKAS XI. 2-4.)

The Lord's Prayer.

SANSCRIT.

The Learned Language of the Brahmins. Popularized by the Calcutta University, India.

भो अस्माकं स्वर्गस्थ पितः, तव नाम पवित्रं पूज्यतां। तव राज्यमायातु। यथा स्वर्गे तथा मेदिन्यामपि तवेच्छा सिध्यतु। श्वस्तनं भक्ष्यमचास्मभ्यं देहि। वयञ्च यथास्मदपराधिनां क्षमामहे, तथा त्वमस्माकमपराधान् क्षमस्व। अस्मांश्च परीक्षां मा नय, अपि तु दुरात्मत उद्धर। यतो राज्यं पराक्रमः प्रतापश्च युगे युगे तवैव। आमेन्।

The Lord's Prayer.

SANTALI.

The Language of the Aborigines of Northwest Bengal, India.

E aleren Baba.

E aleren Baba, sermare menami:, ama' ńutum dhoromo' tamma; Ama' raj heju'tamma; ama' mone cetleka sermare, otrehõ onka bare hoyo' tamma; De okako joma' jarurtalea, ona do tehiń emalem; Ar alele kaiakata' do ikakatalem, cetleka alea' kaiakatkole ikakakokana; Ar bidao se: te alom ayurlea, menkhan bari:i: khon bancaolem; ceda'je raj, ar aidari, ar sabasi jaijug ama' gi. Amin.

The Lord's Prayer.

SAXON OF THE NINTH CENTURY.

(MODERN TYPE.)

Ancient German Idiom.

Pater noster.

(From "Heliand." The old Saxon Evangelienharmonie.)

Fader ist usa firio barno, thu bist an them hohen himilo rikie. Giuuihid si thin namo uuordu gihuilicu. Cume thin craftiga rikie. Uuerthe thin uuilleo obar thesa uuerold alla, so samo an erdu, so thar uppe ist an them hohon himilo rikie. Gib us dago gihuilices rad, drohtin thie guodo thina helaga helpa. Endi alat us, hebanes uuard, managaro mensculdio, all so uui odron mannon duan. Ni lat us farledean letha uuihti so forth an iro uuilleon, so uui uuirdiga sind. Ac hilp us uuidar allon ubilon dadeon.

The Lord's Prayer.

SCOTTISH (Old).

From Francis Junius' Vader Ons.

Our Father quhilk art in heawine,

Sanctifeit be thy name,

Thy kingdom cum,

Thy will be done in earthe as it is in heawin.

Giw us this day our daylik breid,

And forgiwe us our debts as ve forgiwe our debtours.

And lead us nocht in tentatione,

Bot delywer us frome ewill.

The Lord's Prayer.

SCOTTISH (Old).

South Scotts Dialect.

Our Fader vhilk ar in hevin,

Hallovit be thy name,

Thy kingdom cum,

Thy uil be doin in erth as it is in hevin.

Gif uss yiss day our daily bred,

And forgif us our sinnis as we for-gif them that sin against us.

And led us not into tentation,

Bot delyver us from evil.

The Lord's Prayer.

SECHUANA.
(BECHUANA AND MATABELE TRIBES, TRANSVAAL, S. AFRICA.)

Rra ecu, eo o kua magorimoñ, leina ya gago a le itsephisioe. Pusho ea gago a e tle; riha monu lehatsiñ kaha u katañ ua riha ka gona yaka kua legorimoñ; Re nee gompionu seyo sa metla eotle: *U* re icuarele melatu ea rona, yaka re icuarela ba ba nañ le melatu le rona; Mi u si re gogele mo thae loñ, mi re golole mo boshuleñ; Gone bogosi e le yoa gago, le thata, le khalalelo, ka bosina bokhutlo.

Amen.

The Lord's Prayer.

SENECA-INDIAN.

(North America.)

One of the Principal Nations of the Iroquois-Indian Confederacy.

Gwah nih, gă'o yah gĕh'shoh chih dyoh, Dä ye sa'äh säo'nyo ok he'ni sah'sä nan do gäh'dih. I dweh niis ne sau' wah gĕh ne dwä noh'do ohs'hä gwĕn ni yuh: Neh, kuh niis he'ni di sah'ni go 'oh dääh neh huh' ni ya'wäh ne yo än'jah gĕh, naeh he ni dyuh dääh ne gä o'yah gĕh. Da gyoh' nä gä wä nis'hä deh nah' de wä nis'hä ge no gwa'ah gwah. Neh, kuh, neh don da gwai'wah sä gwus, no gwai-wa'neh ak'shäh, naeh nüh' he de jak'hi' wah sä'gwah seh nok hi wa'neh a gih. Sä noh', kuh, neh huh' hä sgwa'ah hä dyo' gwah ni'go'da guh; neh gwa' sho da gwa'yah doh'no ok ha yah'dä deh naah ni go'et gäh. Iis' säh äh, sa wäh ne dwä noh'do ohs'hä gwĕn ni yuh, neh', kuh, ne gah has'des häh, neh, kuh, ne de ga'äh sa oh', hä yu i'wa dadyieh. Do gäs' 'neh huh' na'ya wäh.

The Lord's Prayer.

SERVIAN.

(In Cyrillian Type.)

(Servia, Bosnia, Herzegovina. Montenegro, Croatia, Slavonia, Dalmatia, &c.)

Оче наш који си на небесима, да се свети име твоје;

Да дође царство твоје; да буде воља твоја и на земљи као на небу;

Хљеб наш потребни дај нам данас;

И опрости нам дугове наше као и ми што опраштамо дужнишима својијем;

И не наведи нас у напаст; но избави нас ода зла. Јер је твоје царство и сила, и слава ва вијек. Амин.

The Lord's Prayer.

SGAU-KAREN.

(BURMAH, EAST-INDIA.)

Translated for the Sgau-Karens in Burmah.

ဘီးစံးတာၣ်ဧိၤ, တုၤသုတၢ်ယုတဖၣ်တၢ်ဘီး, စံး, အိၣ် လၢမူခိၣ်ပပၢ်ဧၢ, မ်နမံၤတၢ်ဘၣ် စီဆှံအီၤတက့ၢ်. နဘီၤမုၢ်နှၣ်, မ်အ ဃဲၤတက့ၢ်. မ်ၤလၢမူခိၣ်အသိးနှၣ်မ်တၢ်မၤအသးလၢဟိၣ် ၣ်ဃၢခုၢ်ကီး ခဲဒၣ်နုထးတက့ၢ်. ကိၣ်လၢတနံၤ ၤအဂီၢ်, တနံၤအဂိၢ်နှၣ်, ဟ့ၣ်လီၤပှၤ လၢတနံၤ ၤအီၤတက့ၢ်. ဒီးဖှၢ်ကွံၥ်မတၢ်ဒဲးဘးတက့ၢ်. အဂ့ၢ်ဒ်အံၤ, ပဖျၢ် စုၢ်ကီးကယဲၢ်ပှၤလၢအကမၢ် အိၣ်ဒီးပှၤခဲလၢၥ်လီၤ. ဒီးသုတဒုးလဲၤနှၣ် ပှၤ ဆူတၢ်လွံၥစီအပှၤတဂ့ၤ, ဒီးထုးလိၣ်ကွံၥ်လၢ် ပှၤလၢတၢ်အၢတၢ်သီ တက့ၢ်.

(ST. LUKE XI. 2-4.)

The Lord's Prayer.

SINDHI.

(ARABIC TYPE.)

(PROVINCE OF SINDH, WESTERN INDIA, ASIA.)

يوءِ اوھي ھن طرح نِماز ڪريو ڏ اي
اسانجا پِيّ جو تُون آسمان مرآھي تنهن جا
جو نالو پاڪُ ڪري جائيجي ءَ تُھنجي
بادشاھي اچي ءَ تُھنجي مرضي جي
آسمان مرآھي تي زمين تي تِئي اسا
نجي توڙ اسانکي اڄ ڏي ءَ اسانجن
ڏوھن کي معافُ ڪر جئي اسي پهنجن
ڏھارن کي معافُ تا ڪريُن ءَ اسانکي
آزمائش مر نه ني آنلو آسانکي بُجِترائي کان
چڏاءِ جو بادشاھي ءَ قُدرت ءَ وڏائي
تُھنجي هميشه آھي آمين

(ST. MATTHEW VI, 9-13.   TO BE READ FROM RIGHT TO LEFT.)

The Lord's Prayer.

SINGHALESE.

(THE INTERIOR AND SOUTHERN PART OF CEYLON.)

Translated for the use of Two Million Singhalese Speaking Natives.

එසේකිත් මෙසේ යාඥාකරපල්ලාය. ස්වර්ගයෙ හි වැඩසිටිනා අපගේ පියාණවහන්ස ඔබවහන්සේගේ නාමය සුබව පවත්වනු ලැබේ වා. ඔබවහන් සේගේ රාජ්‍යය ඒවා. ඔබවහන්සේගේ කැමැත්ත ස්වර්ගයෙහි මෙන්, භූමියෙහිදු කරනුලැබේවා. අපේ දවස්පතා භෝජනය අපට අද දුන මැනව. අපේ නයකාරයන්ට අපි සැමාවෙ ස්නාක්මෙන්, අපේ නය අපට සමාවුඩවැහවි. අප පරී ක්ෂාවට නොපමුනුවා, නපුරෙන් අප ගළ වාගතමැනව. මක්නිසාද රාජ්‍යය ත් බලයන් මසි මයත් සදාකල්හිව ඔ බවහන්සේගේ‍මය. ආමෙන්.

The Lord's Prayer.

SITSIKA (Blackfeet) - INDIAN.

(NORTH WEST AMERICA.)

From Rev. P. J. De Smet's
"Oregon Missions," 1845-6.

Kinanâ spoegsts tzittâpigpi: Kitzinnekazen kagkakomimokzin. Nagkitapiwatog neto kinyokizip. Kitzizigtaen nejakapestoeta tzagkom, nietziewae spoegsts. Ikogkiowa ennoch matogkwitapi. Istapikistomokit nagzikamoót komonetziewae nistowâ. Nagkezis tapi kestemoóg. Spemmoók matéakoziep makapi. Kamoemanitigtoep.

The Lord's Prayer.

SLAVÉ-INDIAN.

(Mackenzie River, N. W. America.)

Translated by the Rt. Rev. Bishop Bompas of Athabasca.

Nakhe Tah yake, nizi Edarie tsenidhun ka, Nine kotsun Kaodhet neli ga, Ayi ninethun kezi agote, tidi ninike yake ente. Mego sheiti enele tidi dzine ke nakhegadindi, Nakhe edekle nakhega naonili, tene ga ko edekle nakhetsun aili, koga naoniyi kezi. Nakhetsunea kotsun ninakhonili ile, ojidi cha nakhinchu, tta nine kotsun Kaodhet neli, nanetset chu Edarie chu, ithlasi. Amen.

The Lord's Prayer.

SLAVONIC.

(Slavonia. The Littorale or Military Frontier.)

Óче нáшъ.

Óче нáшъ, и́же є҆сѝ на нб҃сѣ́хъ, да ст҃и́тсѧ и́мѧ твоѐ: Да прїи́детъ цр҇твїе твоѐ: да бу́детъ вóлѧ твоѧ̀, ꙗ҆́кѡ на нб҃сѝ, и҆ на землѝ: Хлѣ́бъ нáшъ насꙋ́щный дáждь нáмъ днéсь: И҆ ѡ҆стáви нáмъ дóлги нáшѧ, ꙗ҆́кѡ и҆ мы̀ ѡ҆ставлѧ́емъ должникѡ́мъ нáшымъ: И҆ не введѝ нáсъ въ напáсть, но и҆збáви нáсъ ѿ лꙋкáвагѡ. ꙗ҆́кѡ твоѐ є҆́сть цр҇твїе и҆ си́ла и҆ слáва во вѣ́ки. а҆ми́нь.

The Lord's Prayer.

SLOVAK.

(Northwestern part of Hungary, Austrian Empire.)

Modlitba Páně.

(Rev. George Palkovic's Version.)

Otče náš, kteři si na nebesách: poswať sa meno twé. Priď královstwi twé. Buď wóla twá gako w nebi, tak i na zemi. Chléb náš wezdagši (každodenni) dag nám dňes. A odpusť nám naše wini, gako i mi odpúščame našim winikom A neuwod náš w pokušeňi. Ale zbaw náš ode zlého. Amen.

The Lord's Prayer.

SLOVENIAN.

(AUSTRIA SOUTH, AND DIFFERENT PARTS IN THE EMPIRE.)

Molitva Gospodova.

Oče naš, ki si na nebesih; posveti se ime tvoje; Pridi kraljestvo tvoje; zgodi se volja tvoja, kakor na nebu, tudi na zemlji; Kruh naš vsakdanji daj nam danes; In odpusti nam dolge naše, kakor tudi mi odpuščamo dolžnikom svojim; In ne vpelji nas v izkušnjavo, nego reši nas zlega; ker tvoje je kraljestvo in moč in slava na vekomaj. Amen.

The Lord's Prayer.

SOERABAYAN OR LOW MALAY.

Translated for the use of Three Million Low Malay Speaking Natives of Batavia, Soerabaya &c., in Java.

Bapa Kita.

Bapa kita, jang ada disorga! namamoe depersoetjikan. Karadjaänmoe dedatangkan. Kahendakmoe dedjadikan, saperti didalam sorga, bagitoe lagi diatas boemi. Reziki kita sahari-hari brilah akan kita pada hari ini. Dan ampoenilah pada kita segala kasalahan kita, saperti lagi kita ini meng ampoeni pada orang jang bersalah kapada kita. Dan djanganlah membawa kita kapada pertjobaän, hanja lepaskan kita deri pada jang djahat: karna angkaoe poenja karadjaän, dan kawasa, dan kamoeliaän, sampe salama-lamanja. Amin.

The Lord's Prayer.

SPANISH.

Padre nuestro.

(Version de Cipriano de Valera.)

Padre nuestro, que estás en los cielos: sea santificado tu nombre. Venga tu reino: sea hecha tu voluntad, como en el cielo, así tambien en la tierra. Dános hoy nuestro pan cotidiano. Y perdónanos nuestras deudas, como tambien nosotros perdonamos á nuestros deudores. Y no nos metas en tentacion, mas líbranos de mal; porque tuyo es el reino, y el poder, y la gloria, por todos los siglos. Amen.

The Lord's Prayer.

SUNDANESE.

Translated for the use of Eight Million Sundanese Speaking Natives of Western Java.

Noen Ama.

Noen Ama, anoe linggih di sawarga, Djěněngan Ama moegi sina disoetjikeun. Karadjaan Ama moegi sina dongkap. Kěrsa Ama moegi sina dilampahkeun, sapěrtos di sawarga, nja kitoe deui di boemi. Moegi koering poë ijeu dipaparin rědjěki koering anoe pitjěkapeun. Saréng moegi ngahampoera kana hoetang koering, sapěrtos koering oge ngahampoera ka noe garadoeh hoetang ka koering. Moegi koering oelah dilěbětkeun kana panggoda, lěrěsna mah moegi disalamětkeun ti noe goreng. Karana nja Ama anoe kagoengan karadjaan, saréng kawasa, sarawoeh kamoeljaan, salalanggěngna. Amin.

The Lord's Prayer.

SWAHILI OR KISWAHELI.

(Zanzibar and some parts of Mosambique, Eastern Africa.)

Baba yetu.

Baba yetu, ulioko mbinguni, Litakate jina lako. Ufalme wako uje. Upendalo litendeke, kama mbinguni, na katika inchi. Utupe leo chakula tunachoihtajia. Utusamehe deni zetu, kama tuwasamehevyo wawiwao na sisi. Usitulete katika nyonda, lakini utuokoe maovuni. Hakika yako wewe ni ufaume, na nguvu, na heshima, hatta milele. Amina.

The Lord's Prayer.

SWEDISH OF 1300.
(Roman Type.)

Fadher war.

Fadher war i himiriki hælecht huais þitt namn, tillkomi os þit rike. wardhe þin wili hær i jordhriki swa sum han warder i himiriki. wart dagliet brød gif os i dagh. oc firilaat os waræ misgerningæ swa sum wi firilatum þem sum brutlike æru wider os. oc laat os æi ledhæs i frestelse. vtan frælsæ os af illu.   Amen.

The Lord's Prayer.

SWEDISH OF 1500.
(ROMAN TYPE.)

Fadher waar.

Fadher waar som är j himblom hälgat wari thit nampn. Tilkome thit rijke. Warde thin wili swa i jorderijke som j hijmmerijke. Gif oss i dagh waart daghlighit brödh. Ok forlaat oss waara synder som wij oc forlaatom thöm mothe oss bryta. Ok leedh oss eij j frästilse, Wtan frälsa oss aaff ondho. Amen.

The Lord's Prayer.

SWEDISH OF 1646.

Fader Wår.

Fader wår som äst i himmelen, helgat warde titt nampn. Tilkomme tit Rijke. Skee tin wilie så på jordenne som i himmelen. Giff oß idagh wårt daghliga brödh. Och förlåt oß wåra skulder/ såsom ock wij förlåtom them oß skyldige äro. Och inleedh oß icke i frestelse: Vthan fräls oß ifrå ondo. Ty Rijket är titt/ och machten och herligheten i ewigheet/ Amen.

The Lord's Prayer.

SWEDISH.

Herrans bön.

Fader vår, som är i himmelen, helgadt varde ditt namn; tillkomme ditt rike; ske din vilje såsom i himmelen, så ock på jorden; vårt dagliga bröd gif oss i dag; och förlåt oss våra skulder, såsom ock vi förlåte dem oss skyldige äro; och inled oss icke i frestelse, utan fräls oss ifrån ondo; ty riket är ditt, och makten, och härligheten, i evighet. Amen.

The Lord's Prayer.

SYRIAC (Ancient).

(SYRIA AND DIFFERENT PARTS OF THE OLD ASSYRIAN COUNTRY FROM EUPHRAT TO MEDITERRANEAN.)

ܨܠܘܬܐ ܡܪܢܝܬܐ.

ܐܒܘܢ ܕܒܫܡܝܐ܆ ܢܬܩܕܫ ܫܡܟ܀

ܬܐܬܐ ܡܠܟܘܬܟ܆ ܢܗܘܐ ܨܒܝܢܟ܆ ܐܝܟܢܐ

ܕܒܫܡܝܐ܆ ܐܦ ܒܐܪܥܐ܀ ܗܒ ܠܢ

ܠܚܡܐ ܕܣܘܢܩܢܢ ܝܘܡܢܐ܀ ܘܫܒܘܩ ܠܢ

ܚܘܒܝܢ܆ ܐܝܟܢܐ ܕܐܦ ܚܢܢ ܫܒܩܢ ܠܚܝܒܝܢ܀

ܘܠܐ ܬܥܠܢ ܠܢܣܝܘܢܐ܆ ܐܠܐ ܦܨܐ ܠܢ

ܡܢ ܒܝܫܐ܆ ܡܛܠ ܕܕܝܠܟ ܗܝ ܡܠܟܘܬܐ

ܘܚܝܠܐ ܘܬܫܒܘܚܬܐ ܠܥܠܡ ܥܠܡܝܢ

(ܐܡܝܢ܀)

(TO BE READ FROM RIGHT TO LEFT.)

The Lord's Prayer.

SYRIAC (Modern).

(SYRIA AND PARTS OF PALESTINE.)

ܨܠܘܬܐ ܡܪܢܝܬܐ.

ܒܒܢ ܕܒܫܡܝܐ: ܩܕܝܫ ܫܘܒܚܐ ܕܫܡܘܟ܂
ܐܬܝܐ ܡܠܟܘܬܘܟ: ܗܘܐ ܨܒܝܢܘܟ: ܐܝܟ
ܕܒܫܡܝܐ ܐܘܦ ܒܐܪܥܐ. ܗܒܠܢ ܠܢ ܠܚܡܐ
ܕܣܘܢܩܢܢ ܕܝܘܡܢ ܗܕܝܐ. ܘܫܒܘܩ ܠܢ
ܚܘܒܝܢ: ܐܝܟ ܕܐܘܦ ܐܢܚܢܢ ܫܒܝܩܠܢ
ܠܚܝܒܝܢ. ܘܠܐ ܡܥܠܬܠܢ ܠܢ ܠܢܣܝܘܢܐ:
ܐܠܐ ܦܨܝ ܠܢ ܡܢ ܒܝܫܐ. ܡܛܠ ܕܕܝܘܟ
ܗܝ ܡܠܟܘܬܐ: ܚܝܠܐ ܘܬܫܒܘܚܬܐ
ܠܥܠܡ ܥܠܡܝܢ: ܐܡܝܢ.

(TO BE READ FROM RIGHT TO LEFT.)

The Lord's Prayer.

SYRO-CHALDAIC.

(Mozul, Djezira, Tolamisk and Country West of Kurdistan.)

The Language Spoken by our Lord.

ܐܒܘܢ ܕܒܫܡܝܐ ܢܬܩܕܫ
ܫܡܟ ܬܐܬܐ ܡܠܟܘܬܟ
ܢܗܘܐ ܨܒܝܢܟ ܐܝܟܢܐ ܕ
ܒܫܡܝܐ ܐܦ ܒܐܪܥܐ ܗܒܠܢ
ܠܚܡܐ ܕܣܘܢܩܢܢ
ܝܘܡܢܐ ܘܫܒܘܩ ܠܢ ܚܘ̈ܒܝܢ
ܐܝܟܢܐ ܕܐܦ ܚܢܢ ܫܒܩܢ
ܠܚܝ̈ܒܝܢ ܘܠܐ ܬܥܠܢ ܠܢܣܝܘܢܐ
ܐܠܐ ܦܨܢ ܡܢ ܒܝܫܐ
ܡܛܠ ܕܕܝܠܟ ܗܝ ܡܠܟܘܬܐ
ܘܚܝܠܐ ܘܬܫܒܘܚܬܐ
ܠܥܠܡ ܥܠܡܝܢ܀

(TO BE READ FROM RIGHT TO LEFT.)

The Lord's Prayer.

SYRO-CHALDAIC.
(Roman Type.)

Slouta D Maran.

Abon dbashmaia, nittkaddsh shmach. tete malkoutach. nehve sivyanach, aikana dbashmaia ap baraa. hab lan lachma dsunkanan, yumana. v shbuk lan choben aikana dachnan shbakn lchayaben. v la talan lnisyuna, ila pasan min besha. mitol ddelach he malkuta v chila v tishbuchta lalam almin. (amen.)

The Lord's Prayer.

TAHITIAN.

(OTAHEITE, SOCIETY ISLANDS, POLYNESIA, S. PACIFIC OCEAN.

E to matou Metua.

E to matou Metua i te ao ra, ia raa to oe i'oa. Ia tae i to oe ra hau. Ia haapaohia to oe hinaaro i te fenua nei, mai tei te ao atoa na. Ho mai i te maa e au ia matou i teie nei mahana. E faaore mai i ta matou hara, mai ia matou atoa e faaore i tei hara ia matou nei. E eiaha e faarue ia matou ia roohia-noa-hia e te ati, e faaora râ ia matou i te ino. No oe hoi te hau, e te mana, e te hanahana e a muri noa 'tu. Amene.

The Lord's Prayer.

TAMIL.

(SOUTHERNMOST PART OF INDIA AND THE NORTH OF CEYLON.)

Translated for the use of Fourteen Million Tamil Speaking Natives.

பரமண்டலங்களிலிருக்கிற எங்கள் பிதாவே! உம்முடைய ராமம், தொழுதுகொள்ளப்படுவதாக. உமது இராச்சியம் வருவதாக. உமதுசித்தம் பரமண்டலத்திற் செய்யப்படுவதுபோலப், பூமியிலுஞ் செய்யப்படுவதாக. அன்றன்றுள்ள எங்கள் ஆகாரத்தை எங்களுக்கு இன்றுதாரும், நாங்கள் எங்களுக்கு ன்னமை இருகருப் பொறுப்பதுபோ ஏஷ், நீரும், எங்கள்பாவங்களை ப் பொறுத்து, எங்களைச் சோதனைக்குட்படவிடாதேயும். சகலதீமைக்கும் நீக்கி, எங்களைக்காத்துக்கொள்ளும். இராச்சியமும், பெலனும், மகிமையும், உமக்கே என்றென்றைக்கும் உண்டாயிருக்கின்றது; ஆமன்,

The Lord's Prayer.

TELUGU OR TELINGA.

(Province of Hyderabad and great part of the Madras Presidency, India.)

Translated for the use of Twelve Million Telugu Speaking Natives.

ఆకాశమందు ఉన్న మా తండ్రీ నీ నామము పరిశుద్ధ పరచబడును గాక. నీ రాజ్యము వచ్చును గాక. ఆకాశమందు యేలాగో ఆలాగే భూమి యందును నీ చిత్తము నెరవేరును గాక. మా జీవనోపాధియైన ఆహారము నేడు మాకు దయ చేయుమ్ము. మా బుణస్థులను మేము క్షమించిన ప్రకారము మా బుణములు క్షమించుమ్ము. మమ్మును శోధన లోకి తీసుకొని రాక చెడు నుంచి మమ్మును తప్పించుము యెందుకంటే రాజ్యమున్ను బలమున్ను మహిమయున్ను నిరంతరమున్ను నీవియే నవి.

ఆమేన్.

The Lord's Prayer.

THIBETAN.

(THIBET, NORTH OF HIMALAYA, ASIA.)

༄༅། །ཁྱེད་རྣམས་ཀྱི་ཡབ་རྣམ་མཁའ་ལ་བཞུགས་པ། ཁྱེད་ཀྱི་མཚན་པའི་མཚན་ལ་བསྔེན་བཀུར་བྱེད་པར་ཤོག་ཅིག །ཁྱེད་ཀྱི་རྒྱལ་སྲིད་འོང་བར་གྱུར་ཅིག །ཁྱེད་ཀྱི་གོས་པ་བཞིན་དུ་རྣམ་མཁའ་ལ་འགྲུབ་པ་བཞིར་ས་ལ་ཨང་འགྲུབ་པར་གྱུར་ཅིག །དེ་རིང་ཁ་ཟས་དེ་རིང་ལ་རྣམས་ལ་གསོལ་ཞིག །ཡང་དེ་རིང་ང་ཡིས་བུ་ལོན་པའི་བུ་ལོན་སེལ་བ་ལྟར། ཁྱེད་ཀྱིས་ང་དེ་རྣམས་ཀྱི་བུ་ལོན་སེལ་ལོག ༢༢ །ཡང་དེ་རྣམས་ཀྱི་འམས་རད་པར་མཆོད་ཀྱི་མ། ཅན་བལས་དེ་སྐྱོབ་པར་མཛོད་ཅིག །ཁྱེད་དུས་ཀུན་དུ་རྒྱལ་སྲིད་དང་། དབང་དང་། གཟི་བརྗིད་དང་བཅས་པའི། །ཨེ་མེན།

The Lord's Prayer.

TIGRÉ.

(Eastern Abyssinia, E. Africa.)

Translated by Debtera Matteos, Native of Abyssinia. Revised by Rev. E. W. Isenberg.

አቡሰማያት ፡ ዘትነብር ።
ስምካ ፡ ይቀደስ ። መ ንግሥትካ ፡
ትምጻእ ፡ ፈቃድካ ፡ ይኹን ፡ ከም
ብሰማይ ፡ ከማሁ ፡ ብምድር ። ን
ዕለት ፡ እንጌራና ፡ ሀበነ ፡ ሎሚ
። ግደፈልና ፡ ዕደና ፡ ንሕናውን ፡ ከ
ዓም ፡ ከምንገድፍ ፡ ነየነ ፡ ዕደ ፡
ዘሎ ። እይትደየና ፡ ናምፍታን ፡ አ
ሃደነና ፡ እንካብ ፡ ክፉእ ፡ እምበ
ር ። ናትካመ ፡ እያ ፡ መንግሥቲ ፡
ሃይሊ ፡ ምስጋና ፡ ንዘላላም ፡
አሜን ።

The Lord's Prayer.

TSCHI OR TWI.

Translated for the use of Negro-Tribes on the Gold-Coast, West Africa.

Yen agya a wowo soro, wo din hõ ntew; wo ahenni mmĕra; nea wope nye wo asase so nso, senea eye wo soro; mã yen yen da aduan 'ne; na fa yen akaw firi yen, senea yen nso de firi won a wode yen akaw; na mfa yen nko sofwĕ mu, na yi yen fi bone mu; na wo na ahenni nè ahõoden ne anuony am ye wo dea da. Amen.

The Lord's Prayer.

TURKISH (Osmanli).

(THE TURKISH EMPIRE IN EUROPE AND ASIA.)

Translated by American and English Missionaries.

ایمدی سر بویله دعا ایلمك ای
كوكلرده اولان بابامز اسمك مقدس
اولسون ملكوتك كلسون مرادك كو
كده نیجه قلینورسه یرده دخی بویله
قلینسون هر كونكی اتمكمزی بزه
بوكون ویر و بزه صوچلرمزی باغشلا
نیجه كه بز دخی بزه صوچلو اولانلره
باغشلارز و بزی امتحانه ادخال ایتمه
اما بزی شریردن قورتار چون ملكوت
و قوت و عزت ابدا سنكدر آمین

(ST. MATTHEW VI. 9, 13. TO BE READ FROM RIGHT TO LEFT.)

The Lord's Prayer.

URDU OR HINDUSTANI.

(ROMAN TYPE.)

(INDIA. THE LANGUAGE BEING GENERALLY UNDERSTOOD IN ALL THE LARGER TOWNS.)

Ai hamáre Báp, jo ásmán par hai, Tere nám kí taqdís ho. Terí bádsháhat áwe. Terí marzí, jaisí ásmán par hai, zamín par bhí bar áwe. Hamárí rozíne kí rotí áj ham ko bakhsh. Aur jis tarah ham apne qarzdáron ko bakhshte hain, tú apne dain ham ko bakhsh de. Aur hamen ázmáish men na dál, balki buráí se bachá: Kyúnki bádsháhat, aur qudrat, aur jalál, hamesha tere hí hain. Ámín.

The Lord's Prayer.

WELSH.

Gweddi yr Arglwydd.

Ein Tad, yr hwn wyt yn y nefoedd, sancteiddier dy Enw. Deled dy deyrnas. Gwneler dy ewyllys, megis yn y nef, felly ar y ddaear hefyd. Dyro i ni heddyw ein bara beunyddiol. A maddeu i ni ein dyledion, fel y maddeuwn ninnau i'n dyledwyr. Ac nac arwain ni i brofedigaeth; eithr gwared ni rhag drwg. Canys eiddot ti yw y deyrnas, a'r nerth, a'r gogoniant, yn oes oesoedd. Amen

The Lord's Prayer.

WENDISH.

(Upper Lusatia, Saxony, East Germany.)

Nasch Wotze.

(Translated by K. M. Frenzela)

Nasch Wotze, kiž ßy ty we Nebeßach. Ssweczene budž twoje Meno. Pschindž knam twoje Kralestwo. Twoja Wola ßo stan, kajž na Nebju, tak tejž na Semi. Nasch schjedny Kljeb daj nam dženßa. A wodaj nam nasche Winy, jako my wodawamy naschim Winikam. A newedž nas do Spytowanja, ale wumož nas wot teho Słeho. Pschetož twoje je to Kralestwo, a ta Moz, a ta Cžesz hacz do Wjecznoszje. Hamen.

The Lord's Prayer.

WENDISH.

(Lower-Lusatia, Prussia, East Germany.)

Woschz naß.

Woschz naß, kenž by na ňebju. Hußwéschone buzi twojo mé. Twojo kraléjstwo pschizi; twoja wola že stani, ako na ňebú, tak tež na semi. Nasch schedny kléb daj nam zinßa. A wodaj nam nasche winy, ako my wodawamy naschym wiňikam. A ňewez naß do spytowaňa, alé humož naß wot togo stego. Pschéto twojo jo to kraléjstwo, a ta moz a ta zescz do ňimernoscži, Amen.

The Lord's Prayer.

YORUBA.

Translated for the use of large Negro Tribes on the Slave-Coast, West Africa.

Baba wa ti mbẹ li ọrun; Owo li oruko rẹ. Ijoba rẹ de; Ife ti rẹ ni ki a ṣe, bi tiọrun, bẽni li aiye. Fun wa li onjẹ ojọ wa loni. Dari gbese wa jì wa, bi awa ti ndarijì awọn onigbe se wa. Ki o má si fà wa sinu idewò, sugbọngbà wa ninu tu lasin. Nitori ijoba ni ti rẹ, ati agbara, ati ogo, lailai. Amin.

The Lord's Prayer.

ZULU.

(KAFFIR LAND, SOUTH AFRICA, EASTWARD.)

(Translation of 1872.)

Baba wetu o sezulwini, Ma li hlonitywe igama lako; Umbuso wako ma u ze; Intando yako ma yenziwe emhlabeni njenga sezulwini; U si pe nahmla ukudhla kwetu okwaneleyo; U si tetelele amacala etu njengokuba si ba tete-lela aba namacala kiti; U nga si ngenisi ekuli-ngweni, kodwa u si sindise koku-bi; ngokuba umbuso u ngowako namandhla, nobukosi, ku ze ku be pakade. Ameni.

The Lords Prayer.

By the late Archbishop J. O. Wallin of Stockholm.

(Free Translation from the Swedish
by G. F. Bergholtz.)

Father thou, our heavenly bless-
   ing!
Life eternal, all possessing,
Grant us lives of happy aim!
O! our Father we implore thee:
Teach us rightly to adore thee!
Hallowed, pray we, be thy name!

Come to us thy kingdom, Father!
Vice and darkness banish farther:
With thy voice bid them depart!
Give us light, prevent transgress-
   ing,
Ease our burdens so depressing,
Leave us a repenting heart!

Done on earth as 'tis in heaven
Be thy will O Father, given:
We entreat thee, humbly pray!
Let no unjust thought assail us,
Let sincerity avail us:
O! incline us to obey!

When we gladly do thy bidding,
Striving for an honest living:
Give of daily bread, our meed!
May we, pleased with thy dividing,
Grateful be for thy providing,
Give nor wealth nor painful need!

Self so weak, entangled, failing,
Teach us mildness, others ailing
Without blame to bear, nor grudge!
Pray forgive our debts lamented—
Just as we forgive repented
Debtors;—wise and loving judge!

When we during meditation,
Wrestle with sin's inclination:
Show thy all consoling face!
Lead us not into temptation,
Grant us mercy, consolation:
Guide us with thy heavenly grace!

When depressed we doubt the morrow,
Fly to thee in grief and sorrow,
Praying for a kind relief:
Holy Father ne'er forsake us!
Let no evil overtake us:
Grant us solace, faith, belief!

Thine the kingdom, power, glory;
Through eternity before thee:
Make our heartfelt prayer ring!
Prone our hearts are in concealing,
May thy charm allay that feeling!
Trust to thee, thy praise we sing.

Milton Keynes UK
Ingram Content Group UK Ltd.
UKHW010823010224
437054UK00005B/121